THE KAKURO CHALLENGE ①

LIKE SUDOKU? YOU'LL LOVE KAKURO!

201 PUZZLES!

ALASTAIR CHISHOLM

WALKER & COMPANY

NEW YORK

Published by Walker Publishing Company Inc.
Distributed to the trade by Holtzbrinck Publishers

All papers used by Walker Publishing Company are natural, recyclable products
made from wood grown in well-managed forests. The manufacturing processes
conform to the environmental regulations of the country of origin.

For information about permission to reproduce selections from this book,
write to Permissions, Walker & Company,
104 Fifth Avenue, New York, New York 10011.

Library of Congress Cataloging-In-Publication data has been applied for.

ISBN-10 0-8027-1528-1
ISBN-13 978-0-8027-1528-9

First published in the United Kingdom by Crombie Jardine Publishing Ltd
First U.S. edition 2005

Visit Walker & Company's website at www.walkerbooks.com

Printed in the United States of America by Quebecor World Fairfield

2 4 6 8 10 9 7 5 3

INTRODUCTION

Welcome to the Kakuro Challenge! Kakuro is the next fiendishly addictive and absorbing puzzle to come out of Japan, where hundreds of dedicated puzzle masters devote their lives to working out ways to reduce your productivity down to zero, and we guarantee – if you liked Sudoku, you're going to love Kakuro!

THE KAKURO CHALLENGE

This book contains over two hundred Kakuro puzzles, in four levels. We'll start you off with some easy Delicious introductory puzzles, and then work up through Pernicious, Malicious and finally the hideously eye-watering Vicious.

WHAT IS KAKURO?

Kakuro is sometimes described as a 'number crossword'. This is an example puzzle:

The puzzle is made up of blocks of white squares, running either in a row or a column. For example, along the top of the puzzle is a block of three white squares.

To solve the puzzle, you have to fill in all the white squares, following these three rules:

1. You can only use the numbers 1 to 9.

2. The numbers in each block must add up to the Target (the small number at the left of each row and the top of each column).

3. Each block can only contain each number once.

…And that's all there is. How hard can it be? The great thing about Kakuro is that, like Sudoku, there's only one solution, and you never have to guess (though you might be tempted!). And once you've mastered the Vicious Kakuro puzzles in this book, you can hold your head up with the pride that comes with knowing you can solve puzzles that are just as fiendish as Sudoku, *and* you can count!

HOW TO SOLVE KAKURO PUZZLES

The best way to learn how to solve Kakuro puzzles is to actually solve them, and in this section we'll take the first puzzle and work through every step. Here's the puzzle:

Although it's a simple example, the techniques you learn here will help you with every Kakuro puzzle you ever come across. Here goes!

COMBINATIONS

Kakuro puzzles are all about Combinations. For example, in the puzzle opposite, look at the block leading down from C3. It has five squares, and the Target is 32 (that's known as "**32-in-5**"). What combinations can fit?

Remember, a number can't appear twice in the same block – so for example:

9 + 8 + 7 + 4 + 4 = 32

Although it adds up to 32, it uses the 4 twice – no good. The valid combinations are:

9 + 8 + 7 + 6 + 2 = 32

9 + 8 + 7 + 5 + 3 = 32

9 + 8 + 6 + 5 + 4 = 32

How does this help us? And even if we knew the right combination of numbers, how can we work out the right order? Relax, and remember – *you never have to guess.*

32-in-5 is no use to us – too many combinations and possibilities to worry about. What we need is to find something a bit more useful. And fortunately these things exist, and we call them *Kakuro Blocks.*

THE MIRACLE OF KAKURO BLOCKS

Kakuro Blocks are special cases that have *one and only one combination*. When you see these blocks, you know there is only one possible set of numbers that fit, and all you have to do is worry about the order. Kakuro Blocks are lovely, and by the time you've finished this book you will see them in your sleep.

Here are some of them:

Target	Squares	Combination
3	2	{ 1, 2 }
4		{ 1, 3 }
16		{ 9, 7 }
17		{ 9, 8 }
6	3	{ 1, 2, 3 }
7		{ 1, 2, 4 }
23		{ 9, 8, 6 }
24		{ 9, 8, 7 }
10	4	{ 1, 2, 3, 4 }
11		{ 1, 2, 3, 5 }
29		{ 5, 7, 8, 9 }
30		{ 6, 7, 8, 9 }

There are more, for blocks with 5, 6, 7, 8 and 9 squares, but we'll worry about them later. For now these will be enough to get you started. Look out for these blocks in any Kakuro puzzle, and you'll almost always find your starting point – we'll show you how in a moment.

UNIQUE INTERSECTS

This is the first technique, and almost certainly the most useful. It works like this:

If two Kakuro blocks cross a square, and they have only one number in common, then the value in that square must be that number.

Let's have a look at the puzzle:

We want to find *Kakuro Blocks* (that is, blocks with only one possible combination) that cross. Block E6 Across is a Kakuro block (it has a Target of 4 with two cells– what we call "4-in-2") and it crosses D7 Down, which is another Kakuro block – 3-in-2.

This is great! Look back at the Kakuro Block list – 3-in-2 can only contain the numbers { 1, 2 } and 4-in-2 can only contain { 1, 3 }. The only number they have in common is 1, so where they cross (E7) the value in the cell has to be – 1!

One down, 21 empty squares to go. Can you see any more Unique Intersects?

Here's another one. Block D2 Across (17-in-2) is a Kakuro Block, and so is D2 Down (16-in-2).

17-in-2 has only one combination: { 8, 9 }

16-in-2 has only one combination: { 7, 9 }

They only share one number in common, so where they cross – D2 – must be a 9.

And there are some more Unique Intersects, here:

Here are two more cases, both with the same pair of Kakuro Blocks. In B4 Across, the block is 23-in-3 – that is, a Target of 23, with three cells. B4 Down is 16-in-2.

23-in-3 has only one combination: { 6, 8, 9 }

16-in-2 has only one combination: { 7, 9 }

They only share one number – 9 – and it has to be where they cross, at B4. We can do the same with blocks G3 Across and F4 Down, and when we do we can see we now have this board:

So far, so good. Let's fill in some of the blanks.

If B4 Down adds up to 16, and we have the 9, then the remaining square must be 7.

If D2 Across adds up to 17, and we have the 9, then the remaining square must be 8.

If D7 Down adds up to 3, and we have the 1, the remaining square must be 2.

If D2 Down adds up to 16, and we have the 9, the remaining square must be 7.

If F4 Down adds up to 16, and we have the 9, the remaining square must be 9.

Here we are:

We're doing pretty well, and we can do more – now we've filled in some of the blanks, we can see where other values can go, like this:

Unfortunately, that's the end of our free ride. We've found all the Unique Intersects, and we've filled in all the easy gaps. Now what?

LOCKED VALUES

A Locked Value is one that can only fit in one square. You've reduced the possible combinations for a block down to one, you *know* the value has to be somewhere in the block, and once it's locked, you know exactly where.

Look at block G3 Across in the board below:

G3 Across is a 23-in-3 block, and the good news is, it's another Kakuro Block. There's only one combination that fits, and that's { 6, 8, 9 }. We already know where the 9 is, but where should the 6 and the 8 go?

Remember rule #3 – a number can't appear twice on the same block. With this, we know the 8 can't be in G3 – because G3 is also in block C3 Down, and that block already has an 8 in it.

So the 8 can't go in G3, and it can't go in G4 – it has to go in G5. We've *locked the value.* And once we've done that, there's only one space left for the 6 – G3.

We're making good progress, and we can fill in another cell (F5 must be a 6) but to finish the board we're going to have to be a bit clever. It's always a good idea to tackle the shorter blocks first, so we'll start with B5 Down, and a new tactic – *Reducing Combinations.*

REDUCING COMBINATIONS

B5 Down (14-in-2) isn't a Kakuro Block, but it does cross one. In fact, it crosses two, and that's a good start. We've already looked at B4 Across, a 23-in-3, and we know it has only one combination – { 6, 8, 9 }. C3 Across is yet another Kakuro Block – with a target of 29 over four cells, the only possible combination is { 5, 7, 8, 9 }.

Armed with these facts we can reduce the number of combinations for B5 Down.

We know the block is a 14-in-2 – that is, it has a Target of 14, spread over two cells. The possible combinations are:

6 + 8 = 14

5 + 9 = 14

But can they both fit? Let's try them out. 6 + 8 could fit – the 6 could go on the top row, and the 8 underneath. But what about 5 + 9?

The 5 can't go on the top row, because we know the only combination for the top row is { 6, 8, 9 }. The 5 *could* go on the second row (C3 Across). But then the 9 would have to be on the top row – and we already have a 9 on that row... So no-go.

We've *reduced the combinations* down to one – { 6, 8 }. Better still, we even know the right order, because only the top row has a '6' in its combination. We can place both the values, like this:

We're on the home straight now. B6 has to be 8, so we'll put that in. And we can put together what we've learned to solve the rest, like this:

C3 Across is a Kakuro Block with only one combination – { 5, 7, 8, 9 }, and the 9 is *locked* to square C6 (try to work out why)…

…Which leaves C3 Across with only one space left – C3 – so that must be where the 5 goes….

…Which leaves C3 *Down* with only one space left – F3 – and since the Target is 32, and the numbers already in place add up to 28, F3 must be a 4…

…And so F6 Across must be a 2…

…And the board is solved! Well done. Have a beer.

Here's the final, solved board:

Piece of cake. Remember:

- A number can't appear twice in the same block

- You *never* have to guess

- Kakuro Blocks Are Your Friends

Now you know what to do, you've got over 200 puzzles to sharpen your skills on. You may notice that the first puzzle looks very familiar… see how far you can get without peeking back at this section. And have fun!

Alastair

www.kakuro-san.com

KAKURO BLOCKS – A HANDY LIST

In the introduction we showed you some of the most often used Kakuro Blocks – that is, blocks that have only one combination that fits. Here's the full list. Don't worry if you keep having to refer back to it – pretty soon you'll find you'll have memorised the whole lot, which will save time and make you look more intelligent and attractive to your friends and co-workers.

Target	Squares	Combination
3	2	{ 1, 2 }
4		{ 1, 3 }
16		{ 9, 7 }
17		{ 9, 8 }
6	3	{ 1, 2, 3 }
7		{ 1, 2, 4 }
23		{ 9, 8, 6 }
24		{ 9, 8, 7 }
10	4	{ 1, 2, 3, 4 }
11		{ 1, 2, 3, 5 }
29		{ 5, 7, 8, 9 }
30		{ 6, 7, 8, 9 }
15	5	{ 1, 2, 3, 4, 5 }
16		{ 1, 2, 3, 4, 6 }
34		{ 4, 6, 7, 8, 9 }
35		{ 5, 6, 7, 8, 9 }
21	6	{ 1, 2, 3, 4, 5, 6 }
22		{ 1, 2, 3, 4, 5, 7 }
38		{ 3, 5, 6, 7, 8, 9 }
39		{ 4, 5, 6, 7, 8, 9 }
28	7	{ 1, 2, 3, 4, 5, 6, 7 }
29		{ 1, 2, 3, 4, 5, 6, 8 }
41		{ 2, 4, 5, 6, 7, 8, 9 }
42		{ 3, 4, 5, 6, 7, 8, 9 }
Any	8	Every block with 8 cells is a Kakuro block
45	9	All the numbers

LEVEL 1
delicious

LEVEL 1 *delicious*

LEVEL 1 *delicious*

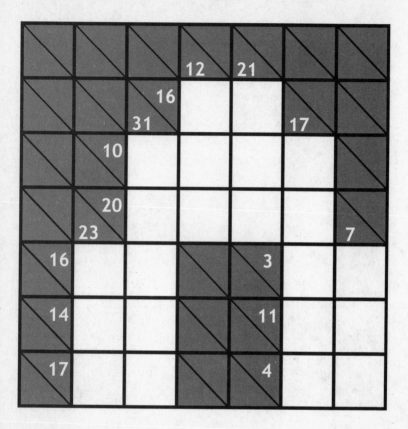

Notes

LEVEL 1 *delicious*

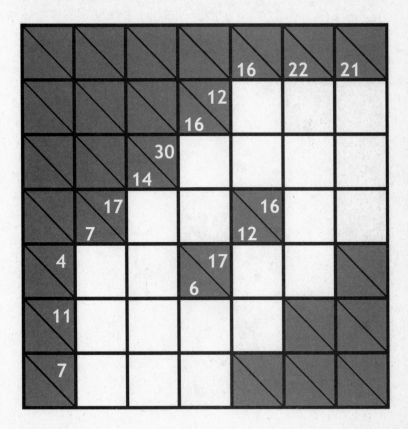

Notes

LEVEL 1 *delicious*

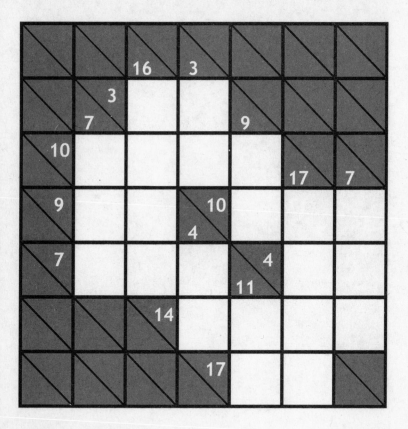

Notes

LEVEL 1 *delicious*

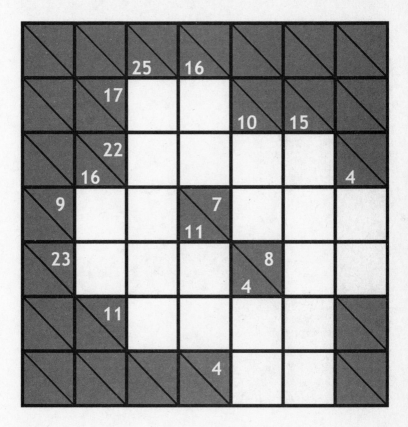

Notes

LEVEL 1 *delicious*

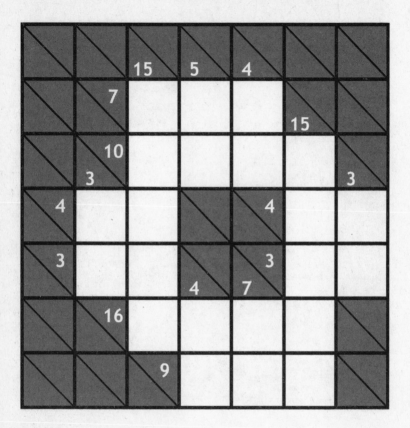

Notes

LEVEL 1 *delicious*

LEVEL 1 *delicious*

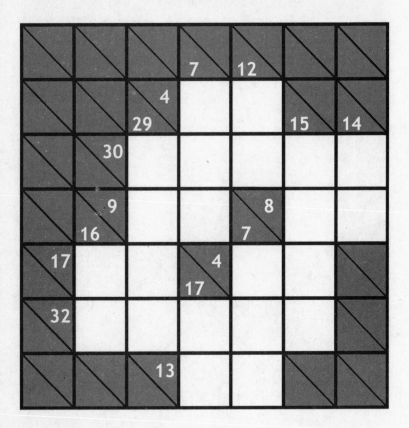

Notes

LEVEL 1 *delicious*

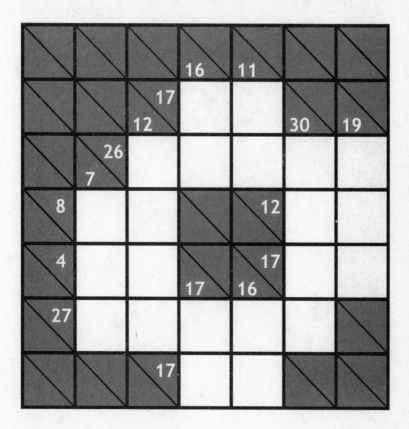

Notes

LEVEL 1 *delicious*

Notes

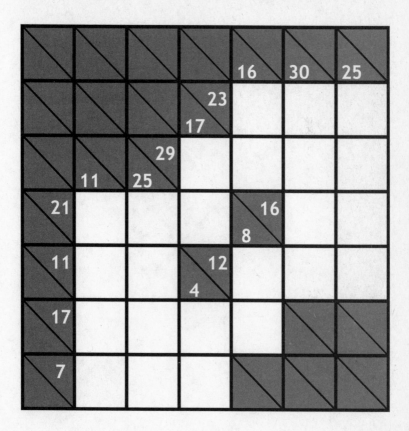

Notes

LEVEL 1 *delicious*

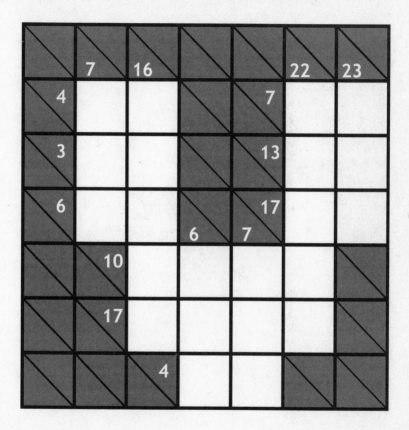

LEVEL 1 *delicious*

Notes

Notes

LEVEL 1 *delicious*

LEVEL 1 *delicious*

LEVEL 1 *delicious*

LEVEL 1 *delicious*

LEVEL 1 *delicious*

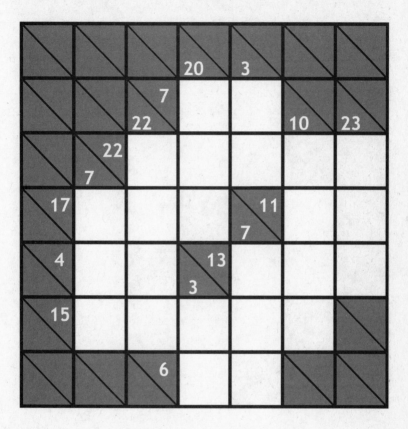

Notes

LEVEL 1 *delicious*

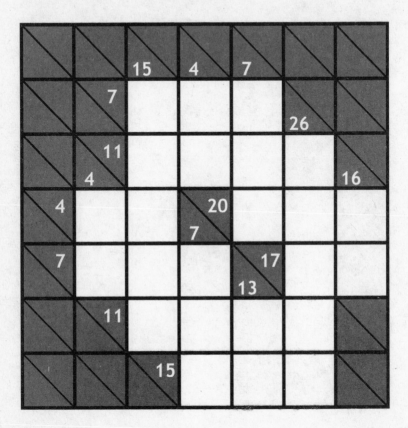

Notes

LEVEL 2
pernicious

LEVEL 2 *pernicious*

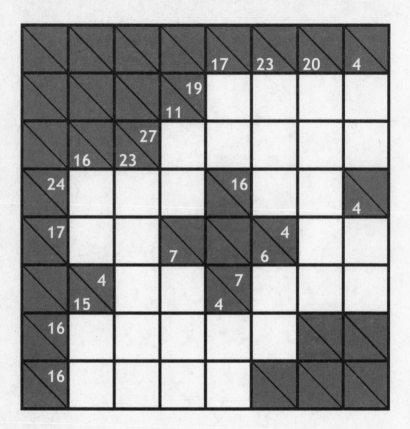

Notes

LEVEL 2 *pernicious*

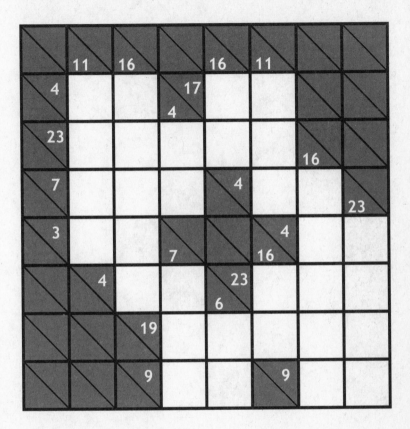

Notes

LEVEL 2 *pernicious*

LEVEL 2 *pernicious*

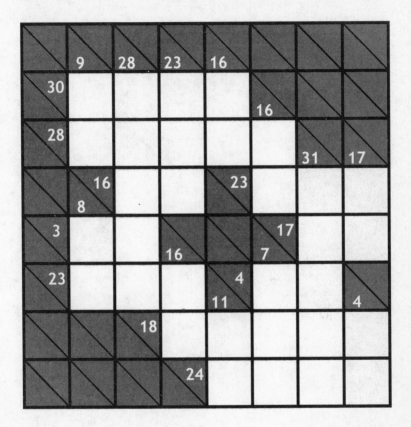

Notes

LEVEL 2 *pernicious*

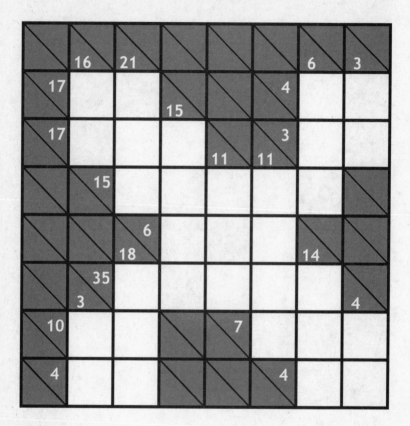

Notes

LEVEL 2 *pernicious*

Notes

LEVEL 2 *pernicious*

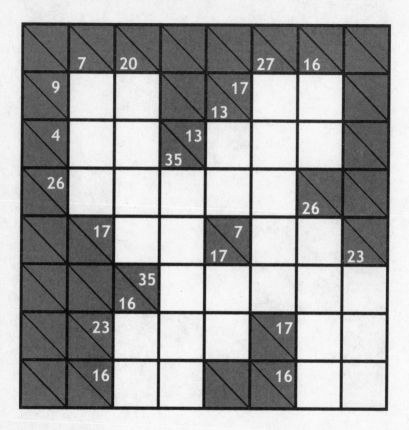

Notes

LEVEL 2 *pernicious*

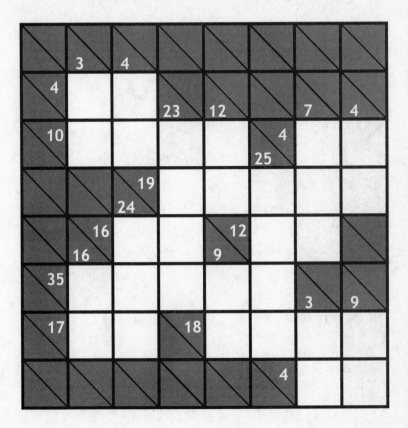

Notes

LEVEL 2 *pernicious*

LEVEL 2 *pernicious*

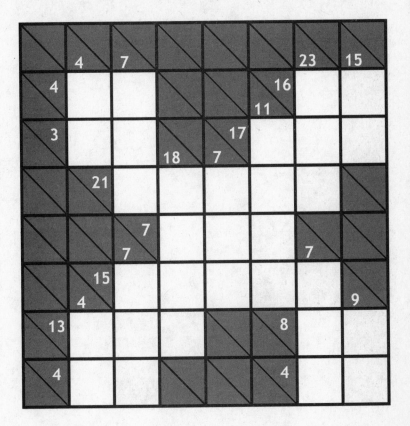

Notes

LEVEL 2 *pernicious*

Notes

LEVEL 2 *pernicious*

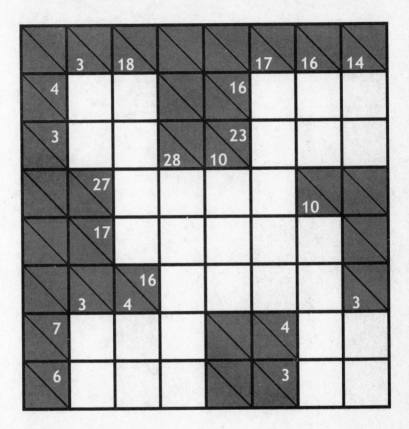

Notes

LEVEL 2 *pernicious*

Notes

LEVEL 2 *pernicious*

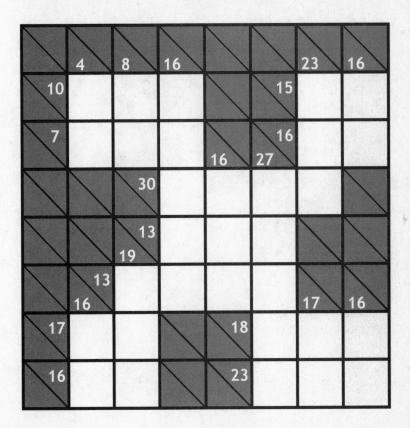

Notes

LEVEL 2 *pernicious*

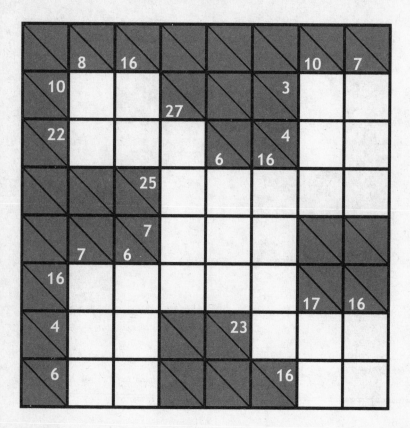

Notes

LEVEL 2 *pernicious*

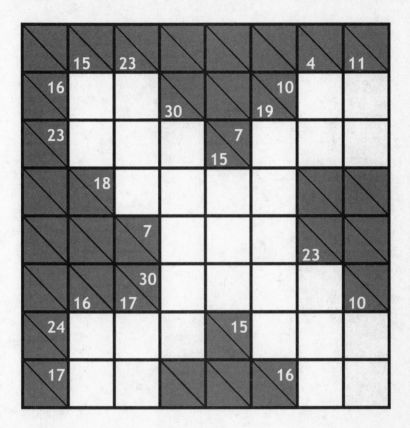

Notes

LEVEL 2 *pernicious*

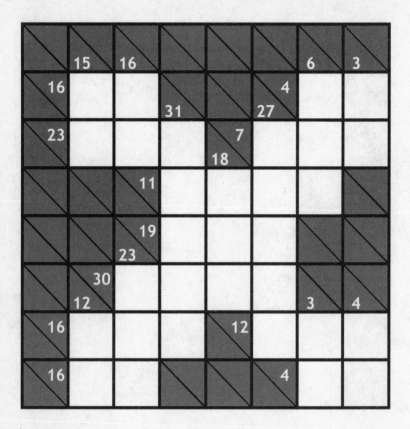

Notes

LEVEL 2 *pernicious*

Notes

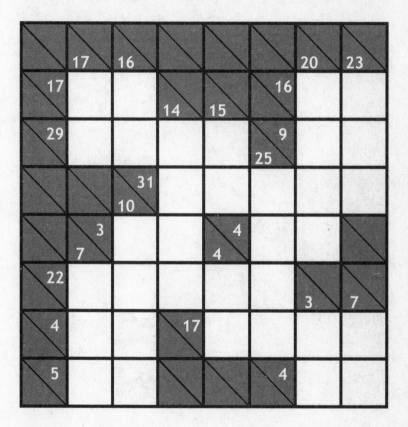

LEVEL 2 *pernicious*

Notes

LEVEL 2 *pernicious*

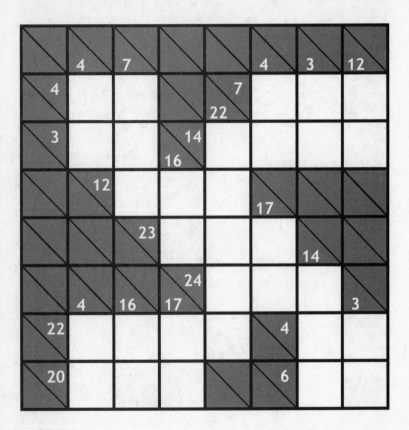

Notes

LEVEL 2 *pernicious*

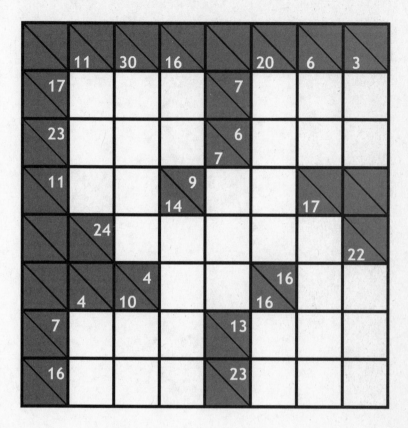

Notes

LEVEL 2 *pernicious*

Notes

LEVEL 2 *pernicious*

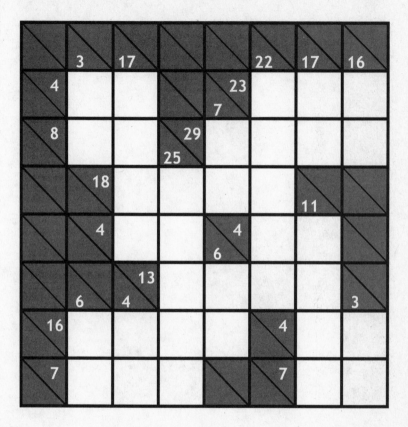

Notes

LEVEL 2 *pernicious*

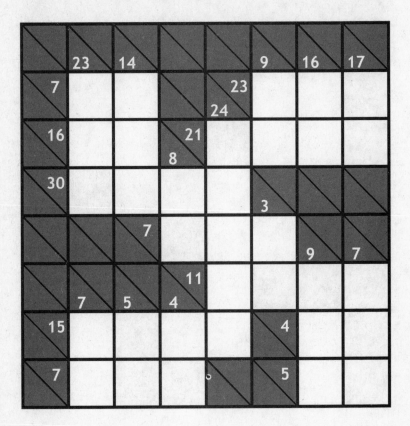

Notes

LEVEL 2 *pernicious*

LEVEL 2 *pernicious*

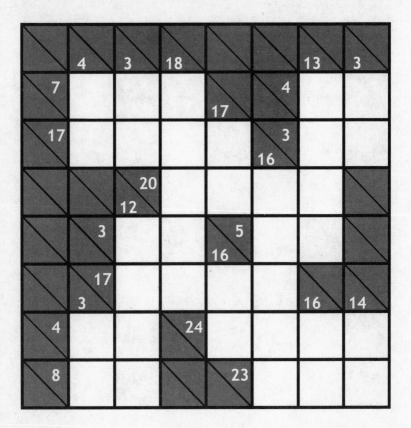

Notes

LEVEL 2 *pernicious*

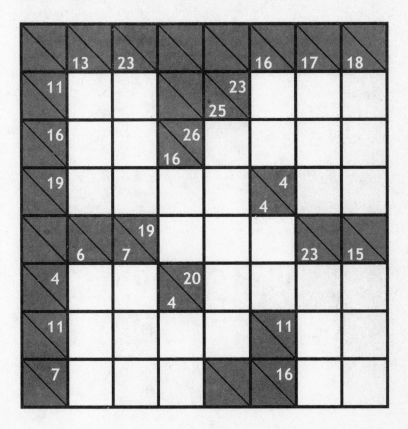

Notes

LEVEL 2 *pernicious*

LEVEL 2 *pernicious*

Notes

LEVEL 2 *pernicious*

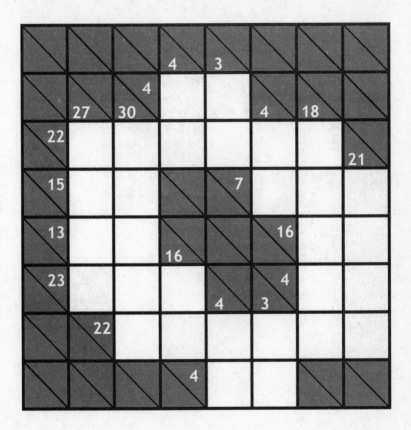

Notes

LEVEL 2 *pernicious*

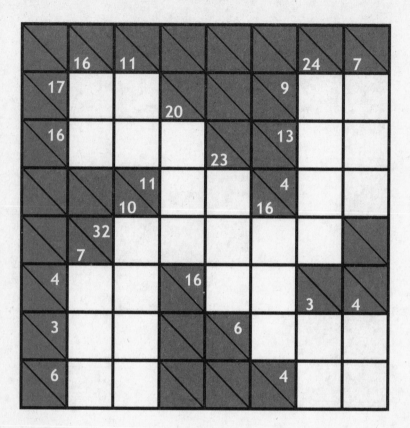

Notes

LEVEL 2 *pernicious*

Notes

LEVEL 2 *pernicious*

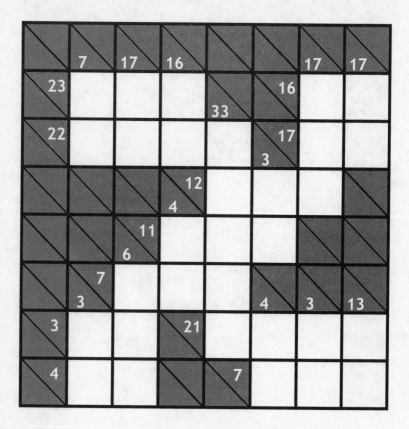

Notes

LEVEL 2 *pernicious*

Notes

LEVEL 2 *pernicious*

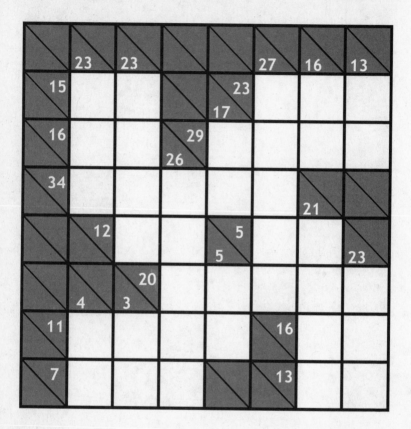

Notes

LEVEL 2 *pernicious*

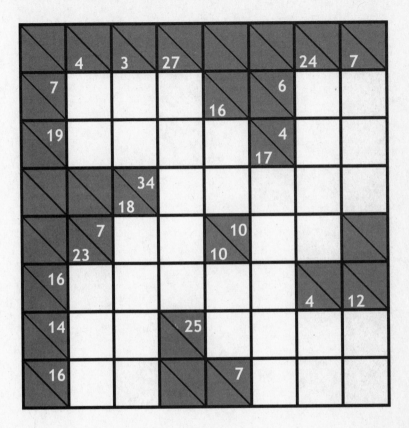

Notes

LEVEL 2 *pernicious*

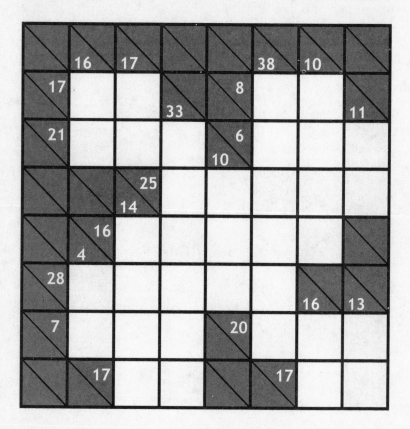

Notes

LEVEL 2 *pernicious*

Notes

Notes

LEVEL 2 *pernicious*

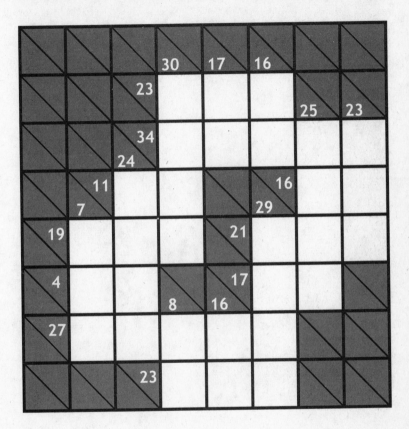

Notes

LEVEL 2 *pernicious*

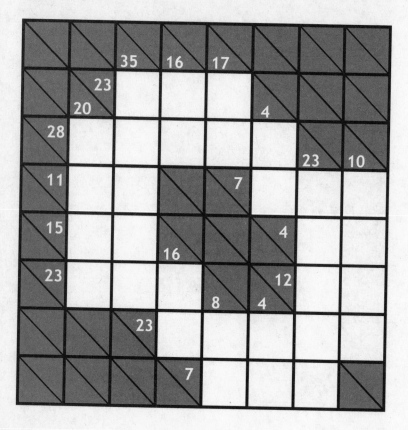

Notes

LEVEL 2 *pernicious*

Notes

LEVEL 2 *pernicious*

Notes

LEVEL 2 *pernicious*

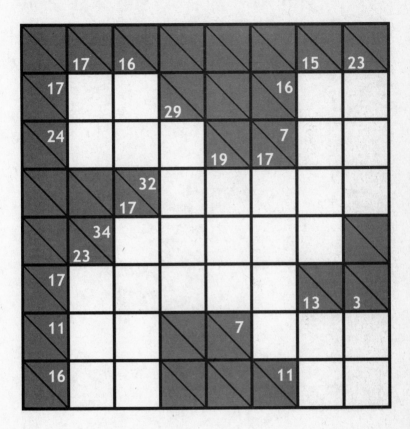

Notes

LEVEL 2 *pernicious*

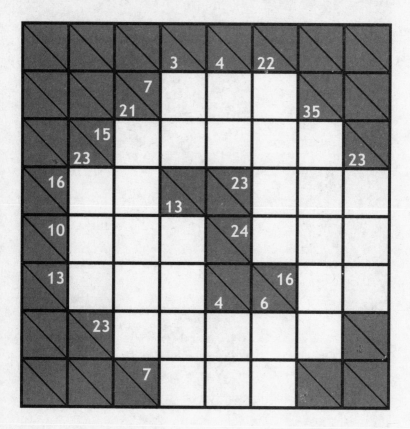

Notes

LEVEL 2 *pernicious*

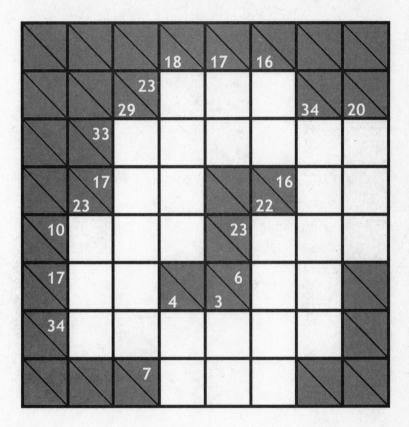

Notes

LEVEL 2 *pernicious*

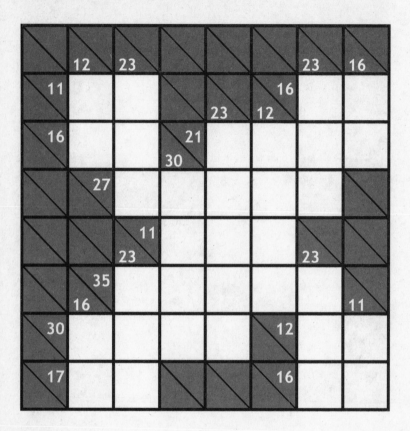

Notes

LEVEL 2 *pernicious*

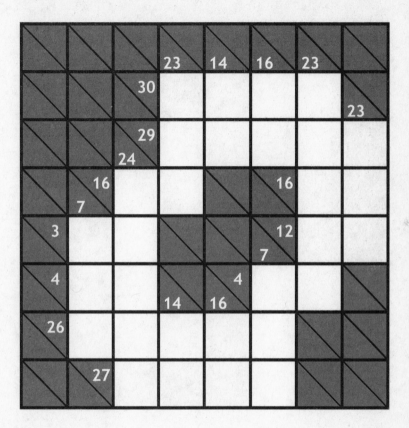

Notes

LEVEL 2 *pernicious*

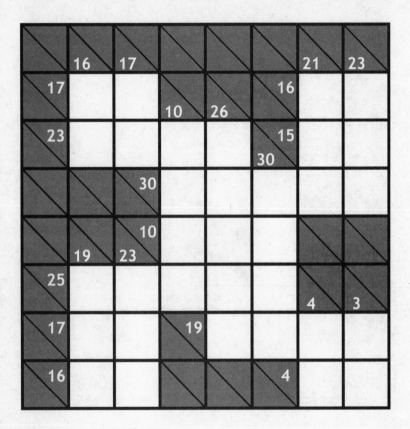

Notes

LEVEL 2 *pernicious*

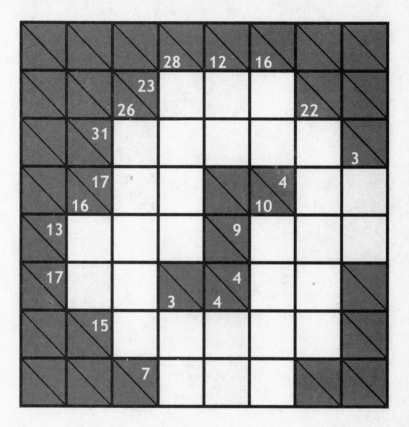

Notes

LEVEL 2 *pernicious*

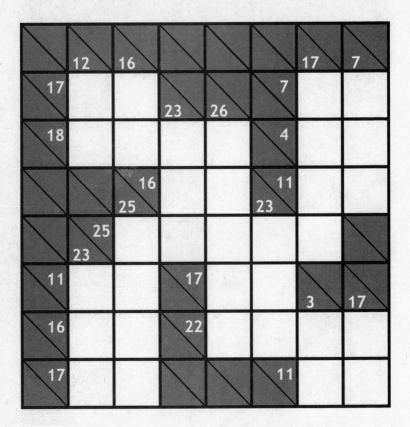

Notes

LEVEL 2 *pernicious*

Notes

LEVEL 2 *pernicious*

Notes

LEVEL 2 *pernicious*

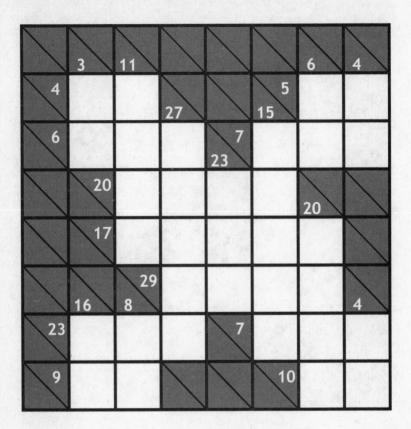

Notes

LEVEL 2 *pernicious*

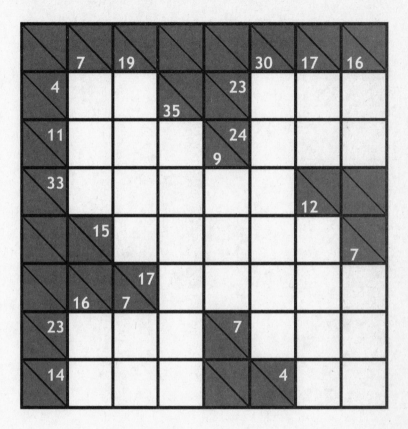

Notes

LEVEL 2 *pernicious*

Notes

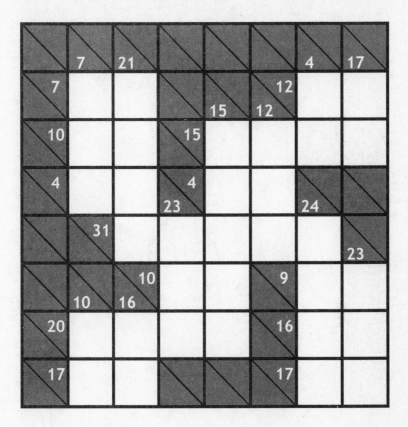

Notes

LEVEL 3
malicious

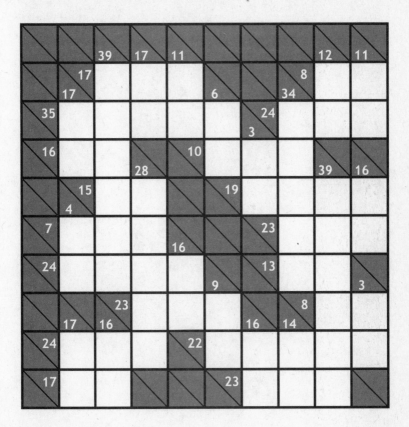

Notes

LEVEL 3 *malicious*

Notes

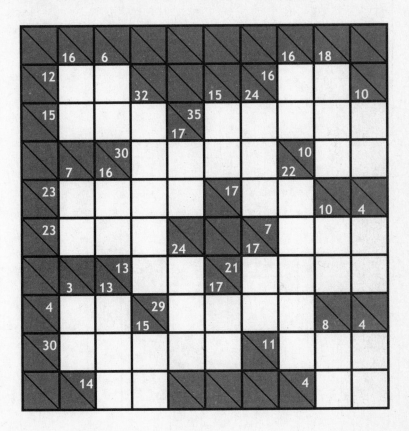

Notes

LEVEL 3 *malicious*

Notes

LEVEL 3 *malicious*

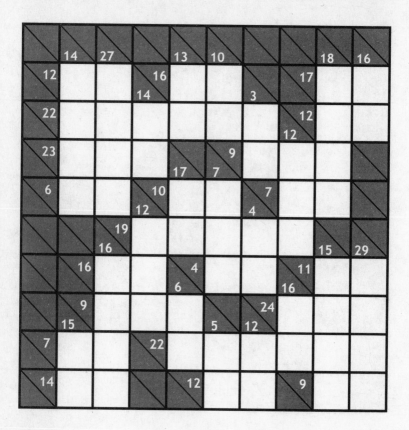

Notes

LEVEL 3 *malicious*

LEVEL 3 *malicious*

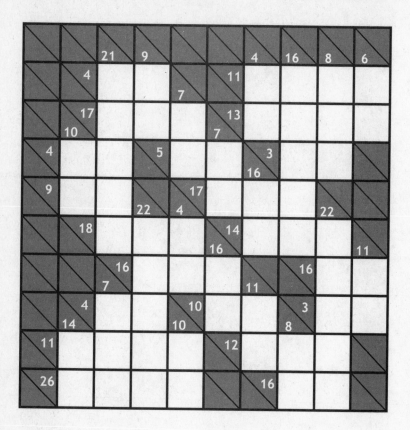

Notes

LEVEL 3 *malicious*

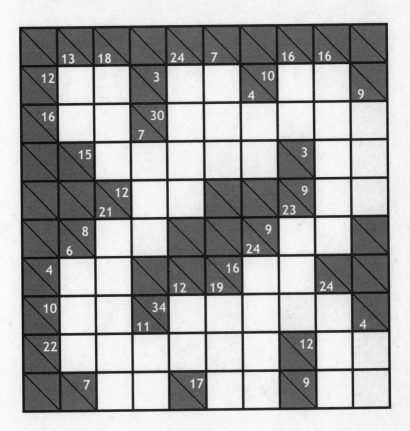

Notes

LEVEL 3 *malicious*

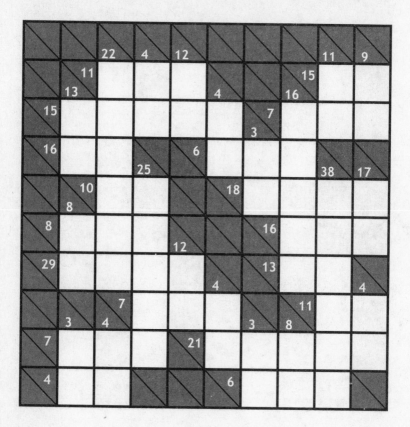

Notes

LEVEL 3 *malicious*

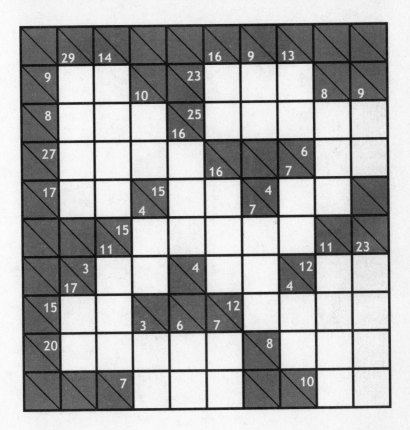

Notes

LEVEL 3 *malicious*

LEVEL 3 *malicious*

LEVEL 3 *malicious*

LEVEL 3 *malicious*

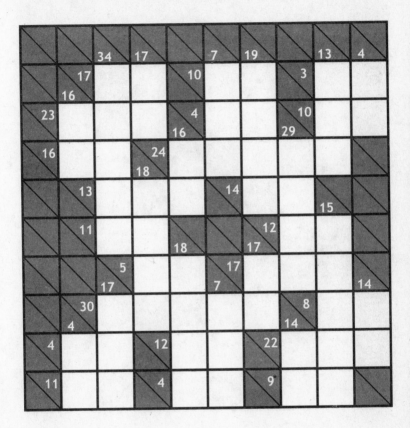

Notes

LEVEL 3 *malicious*

Notes

LEVEL 3 *malicious*

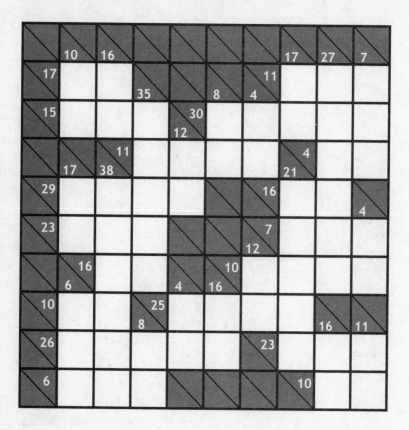

Notes

LEVEL 3 *malicious*

Notes

LEVEL 3 *malicious*

Notes

LEVEL 3 *malicious*

LEVEL 3 *malicious*

LEVEL 3 *malicious*

Notes

LEVEL 3 *malicious*

Notes

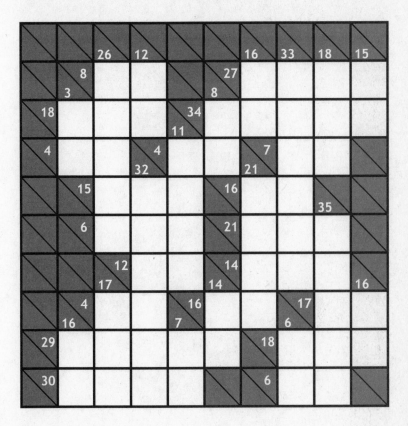

Notes

LEVEL 3 *malicious*

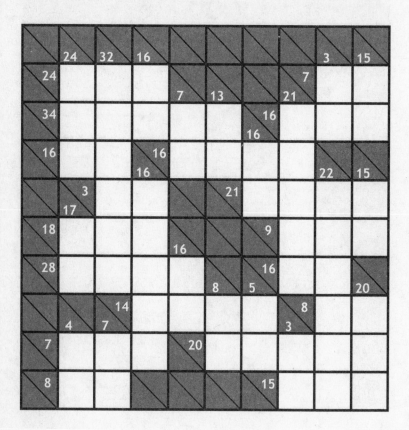

Notes

LEVEL 3 *malicious*

LEVEL 3 *malicious*

LEVEL 3 *malicious*

A Kakuro puzzle grid with the following clues:

Across/down clues visible: 12, 3, 9, 24, 7, 21, 4, 10, 4, 35, 6, 31, 11, 16, 22, 7, 37, 31, 10, 23, 14, 4, 4, 17, 12, 10, 9, 7, 11, 10, 3, 10, 16, 18, 27, 4, 4, 17

Notes

LEVEL 3 *malicious*

LEVEL 3 *malicious*

Notes

LEVEL 3 *malicious*

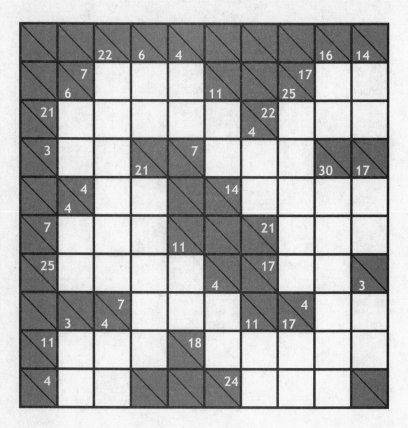

Notes

LEVEL 3 *malicious*

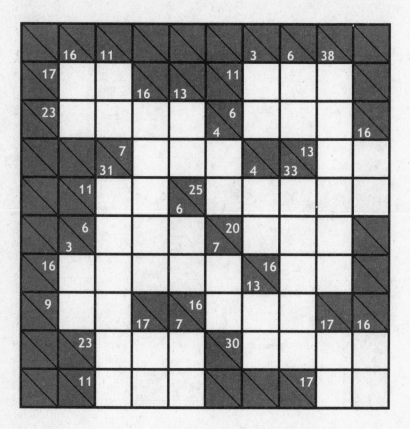

Notes

LEVEL 3 *malicious*

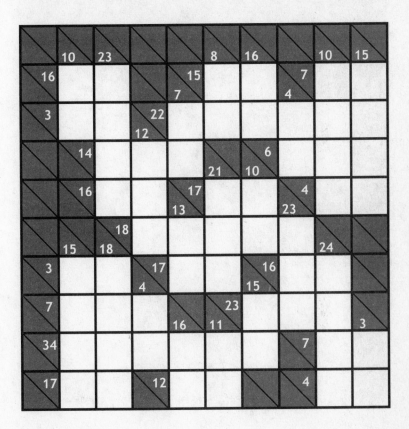

Notes

LEVEL 3 *malicious*

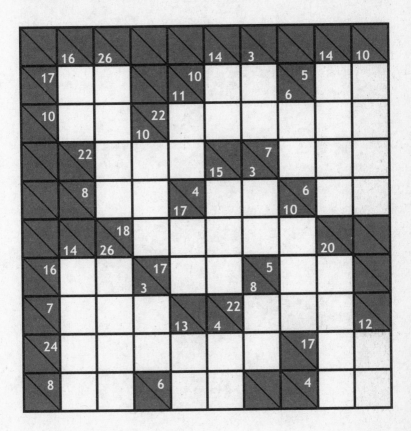

LEVEL 3 *malicious*

Notes

LEVEL 3 *malicious*

Notes

LEVEL 3 *malicious*

LEVEL 3 *malicious*

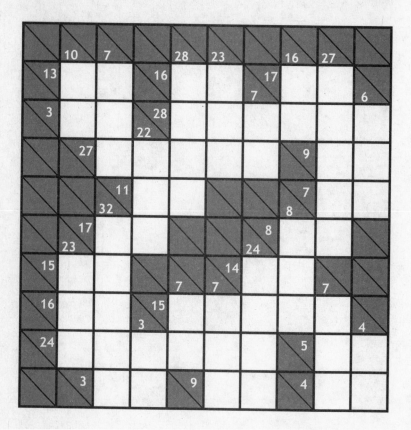

Notes

LEVEL 3 *malicious*

Notes

LEVEL 3 *malicious*

LEVEL 3 *malicious*

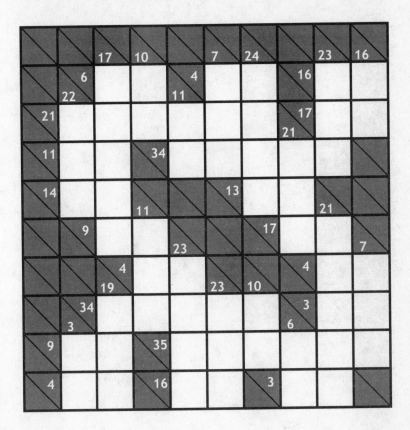

Notes

LEVEL 3 *malicious*

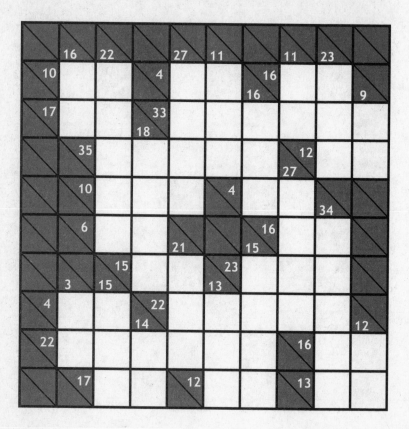

Notes

LEVEL 3 *malicious*

Notes

LEVEL 3 *malicious*

Notes

Notes

LEVEL 3 *malicious*

Notes

LEVEL 3 *malicious*

Notes

LEVEL 3 *malicious*

N o t e s

Notes

LEVEL 3 *malicious*

Notes

Notes

LEVEL 3 *malicious*

Notes

LEVEL 3 *malicious*

Notes

LEVEL 3 *malicious*

Notes

Notes

LEVEL 3 *malicious*

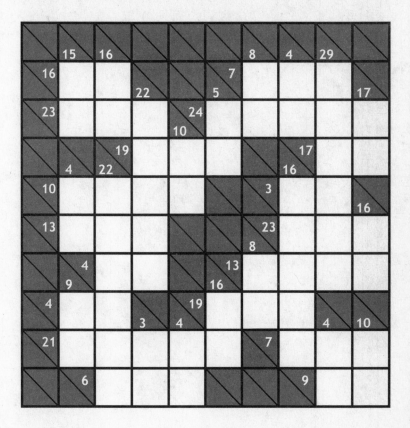

Notes

LEVEL 3 *malicious*

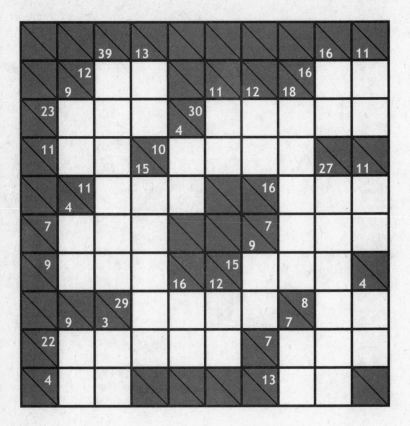

LEVEL 4
vicious

LEVEL 4 *vicious*

Notes

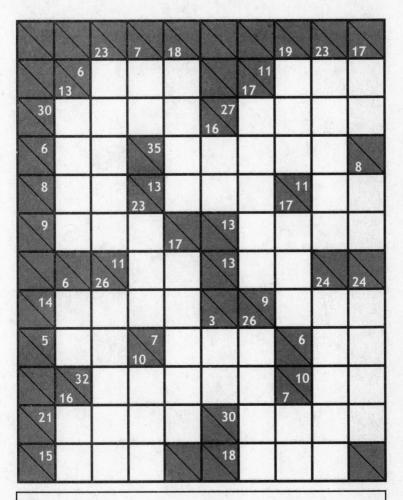

Notes

LEVEL 4 *vicious*

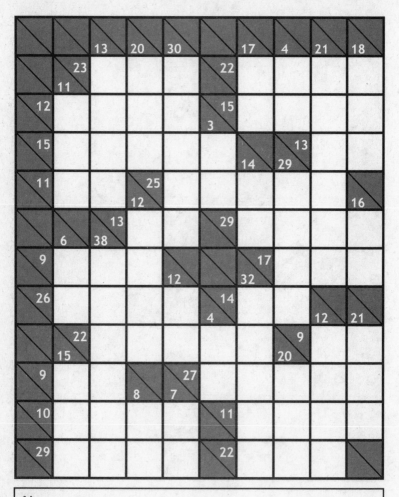

Notes

LEVEL 4 *vicious*

Notes

LEVEL 4 *vicious*

Notes

LEVEL 4 *vicious*

Notes

LEVEL 4 *vicious*

Notes

LEVEL 4 *vicious*

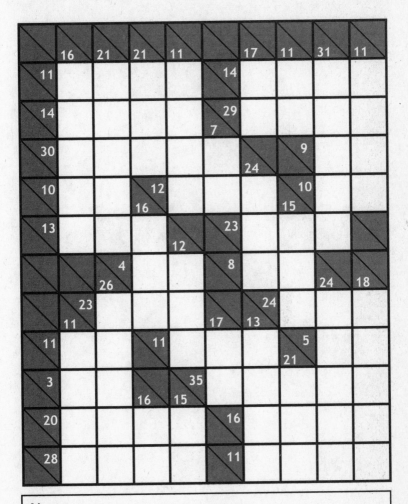

Notes

LEVEL 4 *vicious*

LEVEL 4 *vicious*

Notes

LEVEL 4 *vicious*

Notes

LEVEL 4 *vicious*

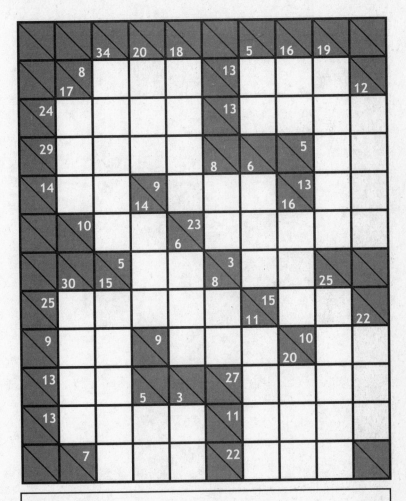

Notes

LEVEL 4 *vicious*

Notes

LEVEL 4 *vicious*

Notes

LEVEL 4 *vicious*

Notes

LEVEL 4 *vicious*

Notes

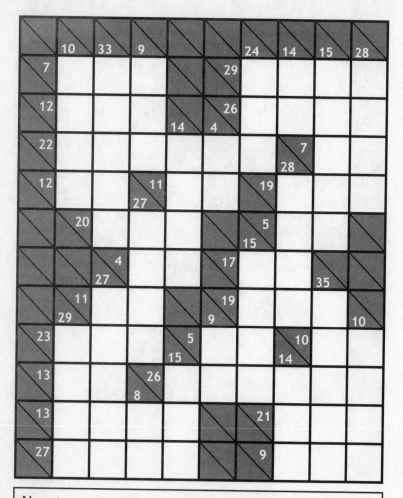

Notes

LEVEL 4 *vicious*

Notes

LEVEL 4 *vicious*

Notes

LEVEL 4 *vicious*

LEVEL 4 *vicious*

Notes

Notes

Notes

Notes

LEVEL 4 *vicious*

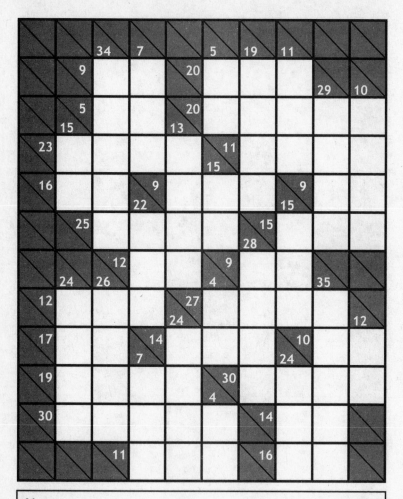

Notes

LEVEL 4 *vicious*

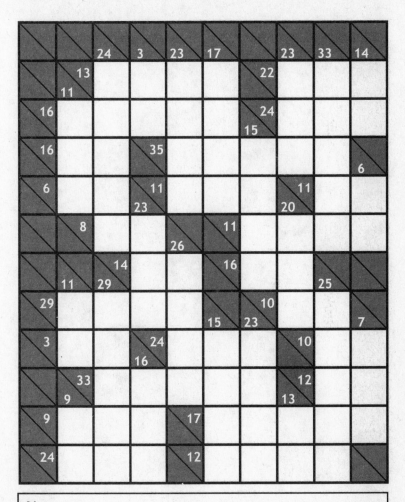

Notes

LEVEL 4 *vicious*

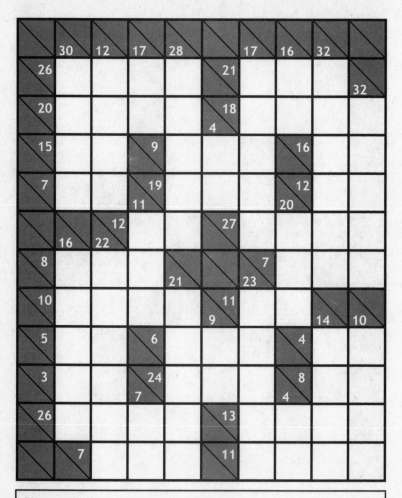

Notes

LEVEL 4 *vicious*

Notes

LEVEL 4 *vicious*

Notes

LEVEL 4 *vicious*

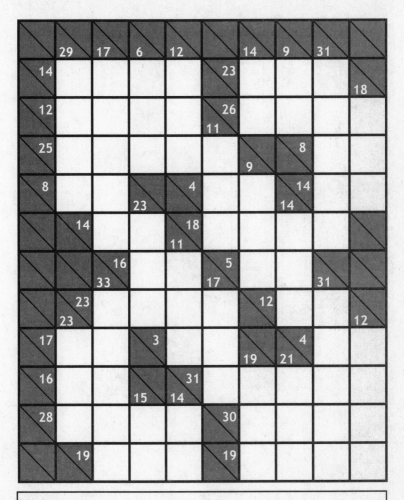

Notes

LEVEL 4 *vicious*

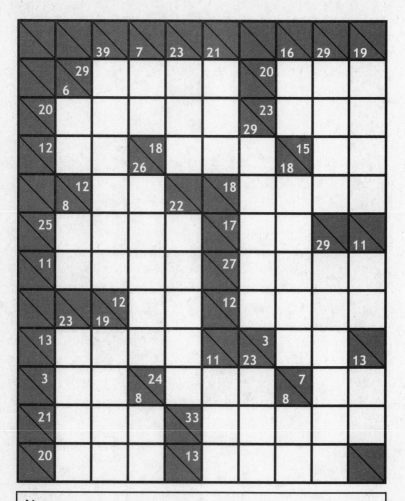

N o t e s

LEVEL 4 *vicious*

Notes

LEVEL 4 *vicious*

Notes

LEVEL 4 *vicious*

Notes

LEVEL 4 *vicious*

Notes

LEVEL 4 *vicious*

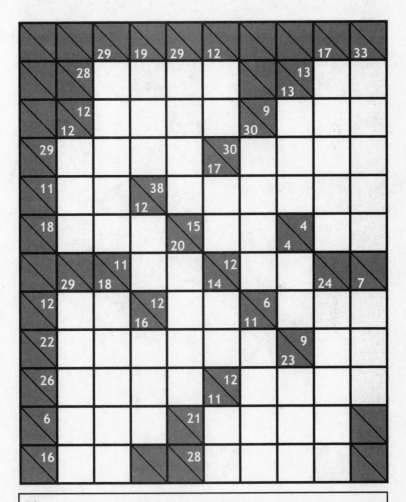

Notes

LEVEL 4 *vicious*

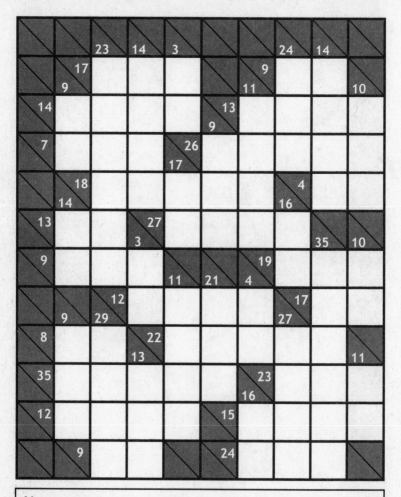

N o t e s

LEVEL 4 *vicious*

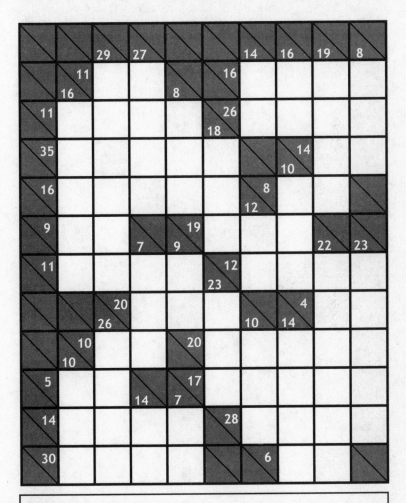

Notes

LEVEL 4 *vicious*

Notes

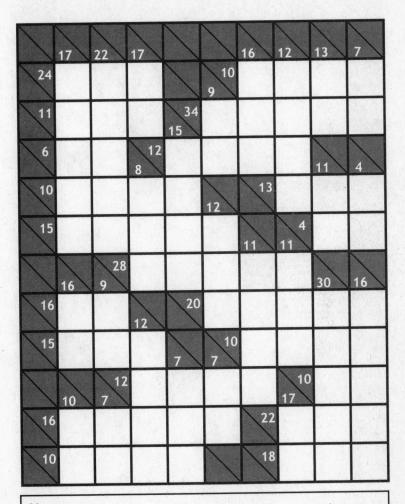

Notes

LEVEL 4 *vicious*

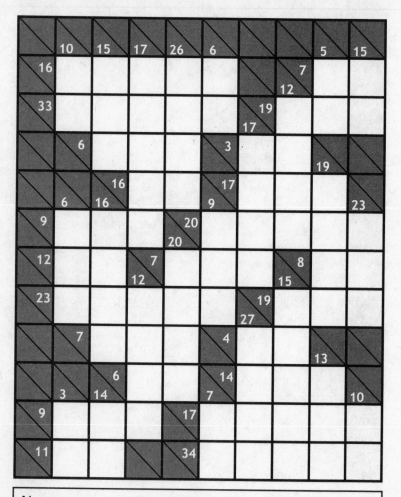

Notes

LEVEL 4 *vicious*

Notes

LEVEL 4 *vicious*

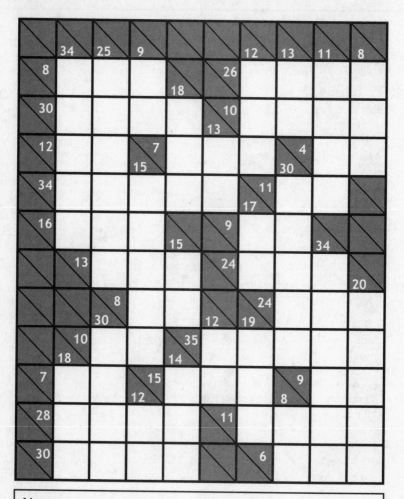

Notes

LEVEL 4 *vicious*

Notes

LEVEL 4 *vicious*

LEVEL 4 *vicious*

Notes

LEVEL 4 *vicious*

Notes

LEVEL 4 *vicious*

Notes

Notes

Notes

LEVEL 4 *vicious*

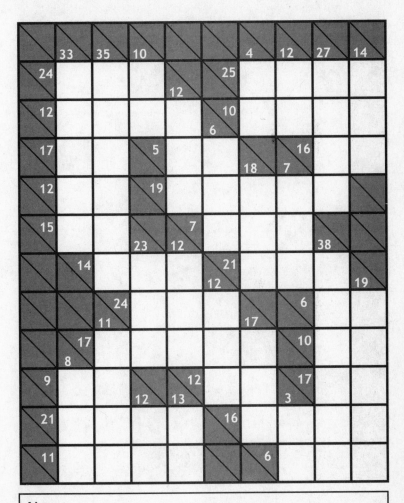

Notes

LEVEL 4 *vicious*

Notes

LEVEL 4 *vicious*

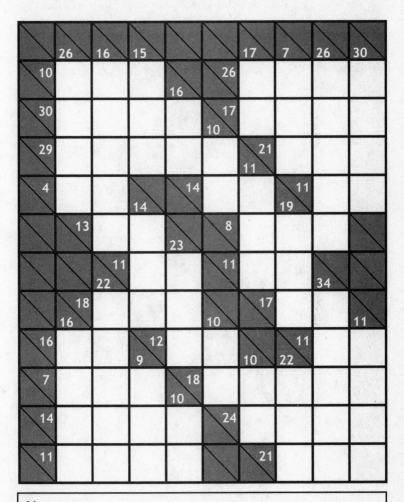

Notes

LEVEL 4 *vicious*

Notes

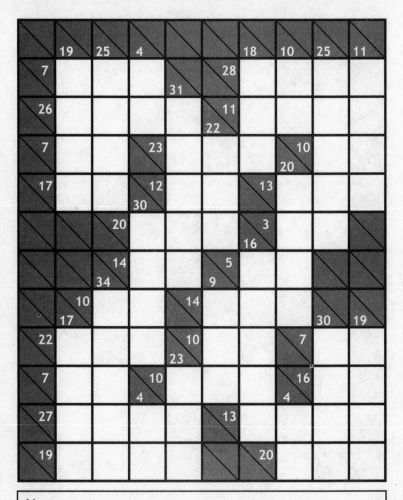

Notes

LEVEL 4 *vicious*

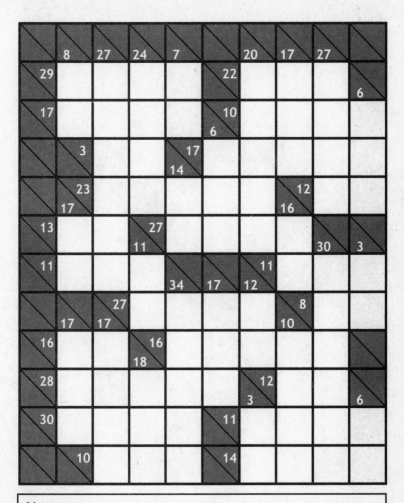

Notes

LEVEL 4 *vicious*

Notes

LEVEL 4 *vicious*

Notes

ANSWERS

1 **2**

3 **4**

5 **6**

7

		2	4	1		
		4	1	3	2	
	1	3			3	1
	2	1			1	2
		5	1	6	4	
			3	1	5	

8

	2	1	4			
	4	2	8	7		
	1	3		9	1	
		4	2		3	1
			1	9	5	2
				7	2	4

9

			1	3		
		7	2	9	4	8
		5	4		2	6
	9	8		1	3	
	7	9	8	2	6	
			9	4		

10

				9	8	
		2	7	3	8	6
	2	6			7	5
	1	3			9	8
	4	1	9	7	6	
			8	9		

11

			9	7		
		3	4	1	2	
	8	6	9		9	7
	7	2		6	8	9
		9	7	2	5	
		8	9			

12

				9	6	8
			8	7	9	5
	5	7	9		7	9
	3	8		1	8	3
	1	6	3	7		
	2	4	1			

13

14

15

16

17

18

19

			1	3		
	6	8	2	5	7	
	9	7		9	8	6
	8	9	7		5	3
		6	5	2	9	1
			3	1		

20

			6	1		
		8	5	2	1	6
	2	6	9		2	9
	1	3		1	4	8
	4	5	1	2	3	
			2	4		

21

		4	1	2		
		5	3	1	2	
	3	1		4	9	7
	1	2	4		8	9
		3	2	5	1	
			1	8	6	

22

			8	6	2	3
		3	9	8	6	1
7	9	8		9	7	
9	8				1	3
	3	1		2	4	1
6	1	2	3	4		
9	2	4	1			

23

	3	1		9	8		
	5	6	3	7	2		
	2	4	1		1	3	
	1	2				1	3
		3	1		9	6	8
			2	1	7	4	5
			4	5		2	7

24

			2	8		3	1
			4	9	7	5	6
		3	1		9	6	8
	9	7				7	9
	6	8	9		2	1	
	5	9	7	1	4		
	1	2		3	1		

25

	8	9	6	7			
	1	3	8	9	7		
		7	9		9	6	8
	2	1				8	9
	6	8	9		1	3	
			7	3	2	5	1
				8	4	9	3

26

	9	8				3	1
	7	9	1			1	2
		4	5	1	3	2	
			3	2	1		
		7	6	8	5	9	
	2	8			2	4	1
	1	3				1	3

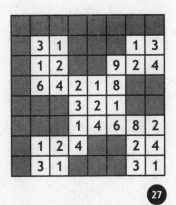

27

	3	1				1	3
	1	2			9	2	4
	6	4	2	1	8		
			3	2	1		
			1	4	6	8	2
	1	2	4			2	4
	3	1				3	1

28

	2	7			8	9	
	1	3		5	1	7	
	4	1	7	8	6		
		9	8		5	2	
		5	9	7	8	6	
		9	6	8		9	8
		7	9			7	9

29

	1	3					
	2	1	3	4		1	3
			5	8	3	2	1
		7	9		8	4	
	7	9	6	8	5		
	9	8		1	9	2	6
						1	3

30

	8	9				3	1
	6	7	1		4	1	2
			2	8	9	7	
		4	6	1	3	2	
		5	9	7	8		
	2	1	4		6	9	8
	1	3				7	9

31

	3	1				9	7
	1	2			3	6	8
		4	6	2	1	8	
			1	4	2		
		2	3	1	5	4	
	1	4	8			2	6
	3	1				1	3

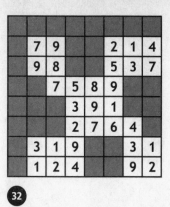

32

	7	9			2	1	4
	9	8			5	3	7
		7	5	8	9		
			3	9	1		
			2	7	6	4	
	3	1	9			3	1
	1	2	4			9	2

33

	1	3			3	7	6
	2	1			6	9	8
		9	7	6	5		
		5	6	3	1	2	
			9	1	2	4	
	2	1	4			3	1
	1	3	2			1	2

34

	2	6				3	1
	7	9		6	3	1	2
	4	8	1	9	2		
			2	7	5		
			3	4	1	8	2
	9	7	4	8		6	3
	8	9				3	1

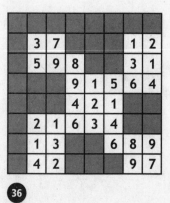

35

	3	6	1			6	9
	1	2	4			9	7
			6	7	9	8	
			2	8	3		
		2	3	1	7		
	9	8			2	9	7
	7	9			6	8	9

36

	3	7				1	2
	5	9	8			3	1
			9	1	5	6	4
			4	2	1		
	2	1	6	3	4		
	1	3			6	8	9
	4	2				9	7

37   38

39   40

41   42

43

	1	9	7		1	4	2
	6	8	9		3	2	1
	4	7		2	7		
		6	2	4	9	3	
			3	1		7	9
	1	2	4		7	1	5
	3	8	5		9	6	8

44

		8	9		7	3	5
	6	2	7		2	1	4
	8	9		3	1		
		7	3	8	5	4	
			6	9		3	1
	1	3	2		6	1	2
	2	1	4		9	8	

45

	1	3			6	8	9
	2	6		5	8	9	7
		7	5	2	4		
		1	3		3	1	
			6	4	1	2	
	4	3	7	2		3	1
	2	1	4			5	2

46

	6	1			6	9	8
	9	7		2	3	7	9
	8	6	7	9			
			1	4	2		
			3	1	5	2	
	5	1	3	6		3	1
	2	4	1			1	4

47

	1	3				1	3
	2	5		4	3	2	1
	4	8	5	9	1		
		9	7		9	8	
			4	7	2	9	6
	4	2	3	9		7	9
	3	1				6	8

48

	1	2	4			3	1
	3	1	5	8		1	2
			2	9	4	5	
		2	1		1	4	
		1	6	7	3		
	1	3		9	2	7	6
	2	6			6	9	8

49

5	6			9	6	8
7	9		2	7	8	9
1	8	7	3		3	1
		9	7	3		
3	1		8	1	6	5
1	2	3	5		8	3
2	4	1			9	7

50

9	7			6	8	9
2	6		5	8	9	7
	2	4	1			
	1	9	7	3	2	
			2	1	4	
3	1	7	6		8	9
1	2	4			3	7

51

		8	1	5	9	7
	5	6	3	7	8	9
3	1		2	1		
1	2	4		2	4	1
		5	1		1	3
5	6	1	3	8	9	
7	8	3	2	9		

52

			1	3		
8	5	7	9	1	4	
6	8	9			3	6
9	7				1	2
7	4			1	2	4
	9	5	7	3	6	8
		8	9			

53

		3	1			
4	7	1	2	3	5	
9	6			1	2	4
8	5				7	9
6	8	9			1	3
	4	7	1	2	3	5
			3	1		

54

9	8				7	2
7	3	6			9	4
		5	6		3	1
	4	9	8	6	5	
1	3		9	7		
2	1			3	2	1
4	2				1	3

55

1	3				6	8	9
2	5		8	3	6	7	
4	1	9	3				
	2	8	5	9	6		
			9	7	8	6	
3	9	1	2		7	9	
1	2	4			9	8	

56

6	8	9			7	9
1	9	7	5		9	8
			9	2	1	
		3	7	1		
	2	1	4			
2	1		8	3	1	9
1	3			1	2	4

57

1	3				9	7
2	4	1		6	8	1
4	7	9	3	8		
	9	5	6	7	8	
		3	2	5	1	6
2	6	4		9	6	8
1	3				7	9

58

6	9			6	9	8
9	7		8	9	7	5
8	4	6	9	7		
	3	9		4	1	
		2	3	1	8	6
3	1	5	2		7	9
1	2	4			5	8

59

1	2	4			4	2
3	1	8	7		3	1
		7	9	6	8	4
	1	6		1	9	
6	4	2	1	3		
8	6		9	5	3	8
9	7			2	1	4

60

9	8			5	3	
7	9	5		3	1	2
		6	1	7	2	9
	3	1	2	6	4	
3	1	8	7	9		
1	2	4		8	7	5
	8	9			9	8

61

	9	6	8		7	2
7	1	9	2		3	1
		4	5	3	2	
		1	4	2		
	2	5	3	1		
1	4		1	8	4	7
3	1			6	8	9

62

	9	6			6	9	8
	7	9	4	9	7	5
		8	9	6	7	
			2	1	3	
			7	5	8	9
	3	5	6	7	4	2
	1	2	4		3	1

63

			6	8	9	
		8	9	7	4	6
		4	7		7	9
	2	8	9	7	6	8
	1	3		9	8	
	4	9	2	7	5	
			6	9	8	

64

		6	9	8		
	4	5	7	9	3	
	2	9		1	2	4
	8	7			3	1
	6	8	9		9	3
		7	6	3	5	2
				2	1	4

65

	9	7		1	7	3
	6	2		2	4	1
	8	9	1	6	3	
		5	9	8	7	6
		2	9	5	8	6
	3	5	7		9	8
	1	2	4		7	9

66

	9	6	8		3	1
	1	2	3		1	2
		9	7	8	6	
	2	1	9	5	8	
	7	6	8	9		
	1	3		2	4	1
	2	6		6	2	3

67

	8	9				7	9
	9	7	8			1	6
			7	9	5	3	8
		6	9	8	7	4	
	6	1	5	2	3		
	8	3				2	4	1
	9	7				9	2

68

			2	1	4		
		4	1	3	2	5	
	9	7			9	8	6
	6	3	1		7	9	8
	8	2	3			7	9
		5	7	3	2	6	
			2	1	4		

69

			6	8	9		
		5	1	9	7	8	3
		9	8			7	9
	6	1	3		9	6	8
	9	8			2	4	
	8	6	3	1	7	9	
			1	2	4		

70

	5	6				9	7
	7	9		3	1	8	9
		8	7	4	2	6	
			6	1	4		
		9	8	7	5	6	
	7	6	9	8		8	4
	9	8				9	7

71

			6	9	7	8	
			8	5	9	1	6
		7	9			7	9
	2	1				4	8
	1	3			1	3	
	4	5	8	7	2		
		8	6	9	4		

72

	9	8				7	9
	7	9	4	3		9	6
			2	6	9	5	8
			3	1	6		
	3	6	1	7	8		
	9	8		9	7	1	2
	7	9				3	1

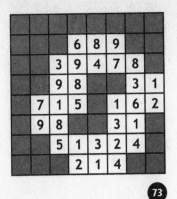

73

			6	8	9	
		3	9	4	7	8
		9	8			3	1
	7	1	5		1	6	2
	9	8			3	1	
		5	1	3	2	4	
			2	1	4		

74

	8	9				5	2
	4	7	6	1		3	1
			9	7		7	4
		4	8	5	6	2	
	6	5		9	8		
	9	7		4	9	1	8
	8	9				2	9

75

				2	1	4	
			7	1	3	8	2
	6	8	9			1	6
	1	7				9	7
	8	9			1	2	4
	5	4	7	2	3		
			6	9	8		

76

			1	2	4		
		6	3	1	5	2	
	9	8			2	7	
	7	4	6		6	8	9
		3	1			9	7
		2	4	3	1	5	
			2	1	4		

77

		8	9	3	6		
	2	4	7	1	8		
	4	1			9	7	
	1	3				3	1
		7	9			1	2
			6	1	5	8	4
			8	3	7	9	

78

	1	3				2	3
	2	1	3		2	4	1
		5	4	8	3		
		2	5	6	1	3	
			7	9	5	8	
	9	6	8		4	2	1
	7	2				7	3

79

	1	3			6	8	9	
	2	6	3		8	9	7	
	4	8	9	5	7			
		2	4	3	5	1		
			5	1	3	6	2	
	9	6	8			1	2	4
	7	1	6				3	1

80

		9	6	8	7			
		5	4	3	1	2		
		7	9		2	4	1	
	7	3				8	3	
	9	6	5		9	7		
		8	4	7	6	9		
			7	9	8	6		

81

	2	5				3	9	
	4	6		4	2	1	8	
	1	3		3	1			
		7	8	2	9	5		
			9	1		3	6	
	2	7	6	5		7	9	
	8	9				9	8	

82

	5	8	4				5	3
8	6	9	7	5		9	7	8
9	7			1	2	7		
	8	7			1	6	5	7
1	4	2				8	6	9
3	9	5	7			4	9	
		6	9	8			7	1
9	7	8		1	7	8	4	2
8	9				9	6	8	

83

6	1	3	4				7	9
8	2	4	9	6		6	2	8
9	7			2	1	4		
	3	9			3	1	5	4
1	4	2				9	6	8
9	5	8	7			2	7	
		6	9	8			3	1
3	2	1		9	6	2	8	7
9	5				7	4	9	8

84

7	5					9	7	
9	1	5		9	8	7	5	6
		9	8	6	7		6	4
1	7	6	9		9	8		
6	9	8				2	4	1
		4	9		8	4	6	3
1	3		7	8	9	5		
2	4	7	8	9		3	7	1
	6	8					1	3

85

		3	1			7	9	6	8
	7	2	3		5	4	8	9
6	8		4	5		7	9	
3	1			3	1	2		
2	4		9	6	8		1	2
		1	7	2			3	1
	1	3		1	3		9	4
1	2	4	8		5	8	4	
2	4	7	9			3	2	

86

	9	8			5	1	2	3
2	8	1		5	8	6	4	1
1	3		3	1		7	9	
	4	1	5		9	3		
	1	2	9		6	4	2	
		3	1		8	9	7	
	6	7		1	7		9	5
1	3	4	7	2		9	6	8
2	1	5	3			7	8	

87

	3	9		9	7		8	9
2	7	5	4	3	1		5	7
8	6	9			2	4	3	
1	5		8	2		5	2	
		2	9	4	1	3		
	7	9		1	3		2	9
	3	1	5			9	8	7
6	1		1	2	3	7	4	5
9	5			3	9		1	8

88

9	8			3	1		5	9
7	6	5		7	2		1	2
		3	9	2		3	9	
8	9		7	1	4	2		
5	7	2	8		2	1	5	3
		1	4	2	3		4	2
	1	9		5	8	3		
1	2		8	6		1	2	4
7	4		9	4			1	2

89

	3	1			3	1	5	2
	6	8	3		1	6	2	4
3	1		4	1		2	1	
7	2			6	7	4		
	9	8	1		9	3	2	
		4	3	9			7	9
	1	3		7	3		1	2
5	2	1	3		8	1	3	
9	4	6	7			7	9	

90

	4	8		2	1		9	1
9	7		9	2	3	7	4	5
	3	2	5	4	1		2	1
		4	8				6	3
	7	1				6	3	
3	1				7	9		
2	8		9	6	4	8	7	
1	2	7	3	4	5		9	3
	3	4		9	8		8	1

91

		1	3	7			7	8
	4	2	1	5	3		2	4	1
	9	7			1	2	3	
		3	7			1	4	5	8
	1	4	3				1	6	9
	7	5	9	8			6	7	
			2	4	1			8	3
	2	1	4		3	2	6	9	1
	1	3				1	2	3	

92

	8	1			9	6	8	
	5	2	1		7	3	5	2	8
	7	3	9	8				5	1
	9	8		7	8		3	1	
			3	1	5	2	4		
		2	1		3	1		3	9
	9	6				4	1	5	2
	8	3	1	2	6		3	1	4
			2	4	1			2	8

93

	1	6			4	2		2	1
	5	9	3			3	1		4	2
			6	8	2			3	1
	2	9		5	1	3	2		
	7	8	6	9		5	6	7	9
			1	3	2	6		1	5
		7	9		1	2	7		
	6	9		1	3		9	6	8
	3	1		2	5			3	4

94

	6	5	9	4				3	1
	3	6	4	2	1		5	1	2
	5	7			6	9	8		
		8	5			7	3	1	6
	1	3	2				7	8	9
	5	9	7	8			9	2	
		1	2	3			7	9
	1	2	4		1	8	3	4	6
	3	1			7	1	9	8

95

		4	3		6	5		1	3
	7	2	1		9	7		2	9
	9	8		7	8	9	6	4	
		6	8	9		8	9		
		9	5				2	1	
			9	3		9	8	6	
		2	7	4	1	3		3	1
	3	1		2	4		8	9	6
	1	4		1	3		1	2	

96

		8	9		4	6		2	1
	9	6	8		1	3		7	3
	7	9		9	2	1	8	4	
		4	2	7		9	5		
		7	4			9	3	
		3	2		9	7	1	
	6	9	5	2	8		2	6
	1	3		8	4		9	5	8
	3	8		3	1		5	4	

97

4	8		9	7			8	9
3	6	7	8	4	9		5	8
7	9	8				1	2	4
1	3		6	9			9	3
		2	1	3	8	4		
	9	4		2	6		3	9
	5	1	9			1	2	7
2	6		7	1	2	3	4	5
1	8			9	7		1	2

98

2	4			2	1		2	5
1	3		3	5	4	7	6	9
	9	8	1			9	7	8
	1	3		9	7		1	7
		9	7	6	4	2		
5	8		4	8		9	7	
2	4	1			2	5	1	
1	2	3	7	4	5		6	2
3	9		2	8			3	1

99

8	9					8	1	2
2	7	6		6	3	9	8	4
		5	3	2	1		3	1
8	5	7	9			7	9	
9	6	8				2	4	1
	7	9			4	1	2	3
2	8		3	9	8	5		
3	9	6	1	7		6	9	8
1	3	2					7	3

100

	1	4	2			9	8	
6	8	5	4	7		7	6	
8	9	6		2	9		9	8
		7	2		5	3	1	9
	2	8	1		7	1	2	
1	7	9	4		8	4		
8	6		3	1		2	4	1
	9	7		2	1	6	5	3
	8	1			2	5	1	

101

3	6	1	2				1	3
1	8	9	6			5	2	8
	9	7		3	7		2	8
		2	4	1			1	3
	2	3	9			1	2	4
8	6			8	3	5		
2	1		3	9			3	1
	9	8	6		7	6	2	1
	7	9			8	1	4	2

102

8	9				9	2	7	8
5	7	3		9	8	1	3	7
		2	1	4			8	9
7	8	1	3			9	5	
5	3	4				2	4	1
	7	9		7	6	2	3	
9	5			6	9	8		
7	6	9	5	8		4	7	1
8	9	7	6				9	8

103

3	1				2	1	5	
1	2	5		6	1	3	4	2
		2	1	4			7	1
2	5	1	3			7	6	
1	6	4				8	9	7
	7	9			7	6	8	9
1	3			4	8	9		
6	8	4	5	7		5	7	2
	9	7	8				3	1

104

	1	4	2				8	7
3	5	1	6	8		2	3	1
1	2			1	5	4		
	7	1			8	7	5	9
1	4	2				3	6	4
3	9	8	7			1	3	
		6	9	8			7	8
2	1	9		7	1	6	8	9
1	3				2	8	9	

105

	2	1	4				8	9
7	6	3	9	2		6	1	7
9	3		8	1	3	7		
	4	6			1	4	5	2
2	1	3				9	6	8
4	7	5	9			8	7	
		2	5	3	1		3	1
6	9	8		1	4	3	8	2
8	7				2	8	9	

106

	5	3			7	5	6	9
2	7	9		7	9	4	8	6
1	3		3	1		3	4	
	9	4	2		9	7		
	2	3	1		4	8	9	
		7	5		1	6	7	
	3	1		9	7		8	9
9	6	8	1	5		5	6	7
7	8	9	6			1	5	

107

7	8	9					1	6
8	4	7	6	9		5	2	9
9	7		1	4	9	2		
	2	1			7	4	1	9
9	6	3				1	2	6
8	5	6	9			9	7	
		2	7	1	4		3	5
1	2	4		7	1	2	4	6
3	5				1	5	9	

108

2	1			7	5		8	9
9	4		3	8	1	7	9	5
	2	4	1			9	6	8
	5	3		4	7		2	7
		5	2	1	6	9		
3	6		1	3		6	9	
6	8	9			3	8	4	
1	7	3	8	4	5		3	1
2	1		9	7			1	5

109

	1	3				2	1	4	
	2	1	6		1	4	3	6	9
			1	3	2			5	8
	3	1	2	5			1	7	
	1	2	4				6	8	9
		8	3			6	4	9	7
	7	9			2	1	3		
	9	4	7	5	1		8	7	2
		6	9	8				9	8

110

	3	1		3	7		1	3	
	9	2	7	5	8		6	4	1
			5	1	9	7		2	5
		4	6			9	8	6	
		6	8				3	1	
		7	9	1			7	5	
	3	8		3	1	2	4		
	7	9	2		5	4	9	2	7
		3	1		3	1		8	9

111

		2	7	9	1			1	2
		6	9	8	3		2	3	1
	5	7				3	1		
	1	3		8	9	5	7	3	
	3	8		6	1	2		7	9
		9	5	7	6	1		2	1
			1	9				6	8
	5	8	4		8	7	9	5	
	1	3			3	2	8	1	

112

	8	9				9	7	1	8
	1	7	3		7	5	9	2	1
			6	8	9			6	9
	7	5	2	9			1	3	
	9	6	8				2	4	1
		7	5		8	3	5	4	
	1	3			2	9	4		
	2	8	6	5	1		5	8	4
	3	9	8	7				9	7

113

		2	4	1				9	8
	4	5	2	3	7		9	7	6
	2	1			4	1	2		
		3	1			3	1	2	8
	1	4	2				5	7	9
	3	7	6	9			8	9	
			4	2	1			3	1
	2	1	8		3	4	8	1	2
	1	3				7	9	8	

114

	6	8	9					7	4
	5	1	7	9	3		6	9	8
	9	7		8	7	9	4		
		2	1			3	2	5	1
	1	4	2				7	6	9
	3	9	8	2			9	7	
			6	1	2	3		8	5
	2	1	4		1	4	2	9	3
	1	3					1	3	2

115

	9	8				2	4	5	
	7	3	4	9		1	2	3	
			2	4	1			6	7
		5	6		3	1	5	7	9
		3	1	2		3	9	8	
	1	6	3	4	2		7	9	
	2	7			5	7	4		
		8	9	6		6	8	9	7
		2	8	1				8	9

115

116

	9	7			6	9		1	6
	1	2		1	2	7	3	4	5
		5	3	6			1	2	3
		9	7		8	9		3	1
			2	5	4	1	6		
	2	1		8	9		9	7	
	4	2	1			6	8	9	
	1	6	3	7	8	9		5	2
	8	9		9	3			3	1

116

117

			2	1	5			5	6
	1	9	3	2	6		9	1	8
	2	6				1	7	2	4
		8	9		6	3		3	1
			4	9	8	2	6		
	3	7		7	9		7	9	
	1	8	3	4				6	3
	2	4	1		5	6	3	8	1
	5	6			2	4	1		

117

118

	9	8			9	1		2	3
	7	3		3	5	2	4	7	1
		9	5	8			2	1	4
		6	2		3	1		4	2
			3	8	4	2	1		
	7	9		9	8		3	2	
	2	4	1			7	6	9	
	4	6	2	8	3	1		8	9
	1	7		5	1			1	3

118

119

	1	3					2	4	1
	2	5	8	1		4	6	5	3
		6	9	2	7	1			
	9	7			9	2	3	5	1
	6	8	9				1	3	2
	8	9	7	4	1			6	3
				9	5	8	6	7	
	8	9	7	6		1	2	8	3
	6	8	9					9	2

119

120

	9	8			3	1		1	2
	7	9		1	2	3	7	4	5
		5	7	2			9	7	8
		1	3		2	1		5	1
			2	1	4	7	6		
	8	3		3	1		9	7	
	1	2	3			1	8	6	
	3	1	4	7	2	9		8	6
	9	6		3	1			1	3

120

121

	9	4		7	9		9	8
	1	2		8	6	4	7	2
		1	6	9	8	3		7
			7	4				4
		8	9				2	6
	6	9				9	5	
	9	7		3	4	5	1	2
	8	6	2	4	1	3		4
		2	1		2	7		1

122

		8	5				7	9
		9	7		8	5	9	6
	1	3		5	9	6		8
	2	1	3	6		8	3	
	4	5	2	7		3	1	5
			1	3		7	2	6
	9	8		8	4	9		3
	7	6	3	9	2		2	1
		9	7				8	7

123

	7	5		1	2		9	6
	9	8		5	3	1	7	4
		7	8	4	9	6		9
			7	2				2
		8	9				2	3
	9	7				3	1	
	7	3		6	1	7	4	2
	5	6	7	8	3	9		3
	8	9	6		2	1		1

124

		2	4		1	3		9
	5	1	6	3	2	4		8
	8	3		8	4	9	7	6
	9	5			8	5		
		6	3				9	8
			1	3				3
		9	7	4	6	8		1
	2	7		9	8	2	5	7
	1	3		7	9		1	2

125

	7	3		3	1		7	9
	9	8		8	3	7	4	6
		5	6	9	7	8		8
		2	1	7		1	3	
		4	2				9	7
			9	6		9	8	6
	1	3		8	1	2	7	4
	2	4	5	7	3	1		9
		8	9		9	3		8

126

		9	7			1	6	2
	4	8	9		9	2	8	4
	1	5		7	5		3	1
		6	9	8		9	7	
		1	2	6		5	4	1
			7	9		8	9	6
		5	3		5	3		3
	8	9	5	7	4		7	9
	5	2	1	3			9	8

127

	8	2	6	9			7	4
5	4	9	8	7		9	6	8
	1	3		9	8		1	9
		5	2		4	1	2	
	6	8	9		7	2	8	
	8	1	4		9	7		
3	7		1	3		3	9	
1	2	4		1	8	4	6	9
	9	2			9	5	8	7

128

3	7				1	6	5	2
1	4	2		3	4	2	6	1
		9	4	8			7	4
6	9	8	7			2	3	
1	8	6				1	8	3
	4	3			3	7	9	1
9	7			2	1	4		
6	5	9	7	8		9	7	6
7	6	8	9				9	8

129

			2	1			3	9
	9	1	8		2	8	6	1
9	8		7	2	1		7	2
7	6	2	4	1		1	8	
		1	3		8	9		
	1	4		5	4	3	6	1
1	3		9	8	7		9	7
2	4	1	7		9	2	8	
	7	2			3	1		

130

8	9			1	3		8	2
9	7	8		8	4		3	1
		2	6	4		8	9	
1	2		8	2	4	6		
8	9	6	7		3	9	4	8
		8	9	5	1		8	9
	7	9		4	2	1		
1	3		7	2		6	2	7
2	1		9	1			1	3

131

		3	1			9	8	
		4	2	9		7	9	8
8	7		7	9		2	9	7
3	1		1	7	2	3	4	5
			4	3		3	1	
7	5	6	2	9	8		9	2
9	6	8		3	1		2	1
	8	7	1		9	7	3	
		9	7			9	4	

132

2	4	1		1	6		9	7
4	1	3	7	2	5		6	4
1	3		6	4	9	7	8	
	9	1			8	9		
	2	5				4	2	
		3	1			8	1	
	3	2	4	6	1		3	1
9	8		7	5	3	1	4	2
7	4		5	8		9	6	4

Puzzle **133**

	7	8	9	5			3	5
	2	3	7	1		2	1	4
		4	8		2	3	8	6
		5	7	6			3	1
	4	6	9		9	8	6	
9	5			2	6	1		
7	6		3	1		3	6	
	2	1	4		9	7	8	5
	1	3			7	5	9	2

Puzzle **134**

	1	9	8	2			9	8
	2	1	7	3		1	7	9
		7	9		4	3	7	9
		4	1	5			1	6
8	4	6	3		7	4	5	8
6	1			9	6	8		
9	7		9	1		5	1	
	6	9	8		9	7	2	3
	2	7			8	9	4	7

Puzzle **135**

	1	8				6	8	9
3	5	7	4		9	1	5	7
	6	9	8	5	7			
2	7			1	8	7	9	4
3	4	1				9	6	8
1	9	2	5	7			7	9
			3	2	4	1	5	
1	7	9	6		8	3	4	7
6	9	8					8	9

Puzzle **136**

9	8		1	8		4	2	1
7	9		5	6	7	8	9	4
	5	1	2	9	6		6	3
		5	3			1	7	
	1	2				2	3	
	8	3			9	3		
4	9		9	6	8	4	7	
1	5	3	4	7	2		1	2
2	4	1		9	7		3	1

Puzzle **137**

	2	1		3	9		3	7
	1	7	3	4	5	6	8	9
	7	8	9			1	8	7
	4	9		1	3		5	9
			5	7	6	1	9	
		2	7		1	3	2	5
		5	9	1			1	8
2	1		3	8	2	1	5	4
1	3			3	1		3	2

Puzzle **138**

		9	2		8	9		9	7
		3	1	7	4	5		6	9
	7	4	3	9		3	2	8	6
	9	6				8	4		
		8	9				1	3	
			6	5				5	7
	1	2	8	9		7	8	1	2
	3	1		8	9	5	6	4	
	2	4		1	6		9	2	

139

140

141

142

143

144

145

8	9	7			3	6	9	
5	8	2	9		2	8	6	9
	3	1	6	2	4		8	6
1	6		7	1	6	2	4	
2	4	1		4	1	3		
	2	3			1	8		
		2	3	1		5	7	9
	8	5	7	2	9		9	5
4	9		2	5	8	7	6	
8	7	9	6		6	9	5	8
	2	7	1			4	3	6

146

	2	9	6		8	5	7	9
2	1	7	3		6	2	5	8
1	4	8	9	5			1	6
4	9		8	2	6	3	4	
		2	5		7	5	8	9
1	6	5				1	2	6
7	5	8	9		7	9		
	4	9	2	7	8		3	1
5	1			9	4	6	1	2
1	3	2	7		9	8	6	4
4	2	1	5		3	9	2	

147

6	7	4	8			8	2	1
1	5	2	4			6	1	3
	8	3		9	6		8	9
2	3			6	1	2	3	4
8	9		9	7	5	6		
3	6	2	1		4	1	5	3
		9	5	8	7		4	6
5	1	8	7	6			6	9
8	4		3	9		4	8	
9	7	3			1	3	7	2
3	2	1			4	8	9	7

148

3	7	9	4		8	9	3	2
7	9	5	8		5	3	2	1
2	6			6	7		6	9
1	8	6	9	7		2	1	4
		7	8	9		9	4	8
	3	4		3	8			
2	1	9		6	2	1		
6	9	8		8	1	4	9	5
3	5		6	9			7	1
4	8	7	9		1	4	5	2
1	7	6	5		4	7	8	3

149

1	3	5	2		8	3	1	2
4	2	7	1		9	8	7	5
3	7	9	5	6			6	3
6	4		3	1	8		9	1
2	5	6			9	6	8	
		1	3		7	1		
	6	9	8			8	9	7
2	9		1	8	2		4	1
1	2			9	6	7	8	5
3	1	7	9		4	9	1	2
5	8	9	6		1	5	2	3

150

8	5	6	9			1	8	
7	3	4	6	1		4	9	2
6	2	1		2	5	3	4	1
9	1	3	4		9	2	5	
		2	1	3			7	1
7	9		2	1	4		2	3
1	7			8	9	4		
	6	3	1		2	1	4	3
9	8	6	2	7		3	9	8
4	5	1		2	9	6	8	7
	3	2			5	2	3	1

151

		8	7		9	5		1	4
	1	2	4		7	1	5	3	2
	3	1	2	7		4	8	2	1
			3	5	9	2	4		
	2	6	1	4	5		2	1	5
	1	4					3	6	
	6	8	9		9	7	3	2	8
			7	6	8	9	5		
	3	1	6	2		3	2	6	1
	2	9	8	5	7		4	3	2
	1	5		4	9		1	5	

152

8	7				1	2	3		
7	2	1		8	5	9	6		
9	5	7	4		1	8	7	9	
5	4	2	1	6	3		9	4	
6	1		5	9		5	8	6	
		6	8		3	1			
4	9	8		9	8		6	9	
3	8		3	7	9	6	5	8	
2	3	7	1		1	3	2	6	
	2	9	6	3		2	1	5	
		8	2	1			3	7	

153

		4	3	1		3	9	1	
4	9	8	3		2	7	3	1	
5	7	9	8			2	3		
8	6		6	1	2		7	6	
	8	2		7	3	5	6	2	
		3	2		1	2			
6	5	9	3	2		9	6		
8	1		1	6	2		1	9	
9	4				3	9	7	8	
7	3	1	2		1	3	2	5	
		2	4	1		5	8	9	

154

		1	3			9	3	8	
6	9	8		3	4	2	1	5	
8	5	9		1	5		4	9	
2	8	7	4		1	5	2	3	
9	7		3	1		9	5		
		8	2	6	9	1			
	1	2		3	2		2	5	
6	2	7	1		6	7	3	8	
9	8		4	5		3	1	7	
8	4	9	3	1		8	5	9	
1	3	2				9	4		

155

7	9	4	8		5	1			
1	4	2	9		8	3	2	6	
	3	1	4	6	2		1	3	
8	5	6	7	9		4	8		
9	6			2	7	1			
3	1	9	6		9	8	7	4	
		3	2	1			5	1	
	2	6		4	7	3	8	2	
1	6		7	8	9	2	6		
3	8	6	9		4	1	3	2	
		2	8		8	7	9	5	

156

1	2	3			9	4	3	8	
8	4	9	7		3	1	2	5	
2	3	4	6	1			1	6	
5	1		9	8	3		8	9	
9	7	1			2	3	4		
		4	6		4	9			
	4	2	1			4	3	9	
9	3		5	8	9		4	6	
1	2			5	6	1	2	3	
7	6	8	2		8	9	6	7	
5	1	2	3			3	1	8	

157

	8	5	7	6	9			9	6	8
	6	4	2	1	3		4	2	1	
	9	7				2	8	1		
		6	9		9	1	6	3	2	
		2	1	4	3		8	7		
	1	7	8	6		5	6	7	9	
	3	8		2	6	4	7			
	2	5	1	3	9		9	5		
		1	3	4				6	8	
	7	9	8		5	8	7	4	9	
	1	4	2		1	2	5	3	6	

158

	1	4	2			8	9	5	7	
	2	7	3			9	5	4	8	
	3	5	4	2	1	7		3	4	
	4	8		8	3		8	2	9	
		9	8	3			4	1		
			3	1		8	9			
		4	7			4	7	8		
	8	6	9		3	2		7	3	
	5	8		8	6	1	4	5	2	
	7	2	3	1			8	9	4	
	9	7	5	6			2	6	1	

159

	6	8	9			2	4	1		
	9	6	7		1	3	2	6	4	
	2	1		8	9	5		9	1	
		2	4	5	7	1	3			
			2	9			7	1	9	
	2	5	1	4		7	9	5	8	
	1	8	3			6	8			
			7	1	4	3	5	2		
	2	6		5	9	8		9	5	
	9	8	1	3	2		5	1	2	
		9	3	8			9	4	1	

160

		2	7		7	1		6	8	
	7	8	9		9	7	3	5	6	
	9	6	8				7	2	9	
	8	1	3	7	5		4	1	2	
	5	9		9	3	7	1			
		3	5		5	2				
		5	8	6	9		1	3		
	9	7	2		7	8	4	6	9	
	5	2	1			6	7	8		
	8	9	7	2	3		2	4	6	
	7	1		5	1		1	2		

161

	8	6	3	9			2	3	9	
	9	2	1	7			1	2	6	
	7	4			8	9	7	5		
		8	2		9	7	4	1	3	
		5	7	2	3	1		7	9	
			1	3		8	3			
	1	5		9	4	5	1	7		
	3	4	1	8	2		6	9		
		1	2	7	3			4	1	
	1	6	8			3	9	8	7	
	4	8	9			1	8	3	2	

162

		7	4	5		6	1	2		
	5	8	9	7		8	4	5		
	6	9		9	5	7		4	9	
	1	4			6	9	7	3	8	
	8	6	3	9			3	1	6	
			1	7		7	1			
	9	1	2			9	6	2	8	
	6	3	5	1	2			7	9	
	5	2		2	4	1		1	2	
		9	7	5		2	1	5	3	
		4	1	3		5	8	9		

163

		2	1	4		2	8	9	
	5	1	3	2		1	7	8	9
	8	4		7	9	4		7	5
	2	3	5	1	6			5	1
	4	6	8			7	9	2	3
			9	4		8	4		
	2	5	3	6			1	4	3
	3	7			9	8	3	7	5
	1	4		5	6	1		6	9
	7	9	1	6		6	1	9	4
		8	7	9		9	5	8	

164

	8	9	6			2	1	6	9
	9	7	2	1		3	2	1	8
	3	1		3	9	6	4	8	
	6	2		2	4			9	4
			9	6	8			3	1
	6	8	7	5		4	8	7	2
	1	3			5	2	7		
	2	4			7	5		1	3
		5	9	2	1	3		3	6
	9	1	7	4			1	3	5	9
	8	2	3	1			1	2	8

165

		6	1	2		1	7	2	4
	7	8	4	9		6	9	3	8
	3	9		6	8	9		1	2
	1	7		5	6	8		5	1
		4	3	8			8	6	9
			2	7		3	9		
	9	3	1			1	4	2	
	7	4		8	6	9		4	8
	4	1		3	1	6		1	2
	8	6	3	9		8	7	6	5
	6	2	1	7		2	1	3	

166

		7	2		3	9	8		
		4	1		2	5	1	9	3
	8	6	4	5		3	2	5	1
	7	9		1	6	2		7	2
		8	5	3	9		3	8	4
			8	4		4	5		
	1	2	9		3	9	7	8	
	8	9		5	1	8		7	3
	9	7	1	2		7	8	6	9
	6	8	4	9	3		9	5	
			2	8	1		7	9	

167

		7	1	2	3		9	8	5
	3	1	2	6	4		8	7	9
	7	9		7	8	5	6	9	
	1	5		8	2	1		6	5
		2	6			2	5	3	1
			9	5		7	9		
	9	5	8	7			6	4	
	2	1		8	9	7		9	1
		8	7	6	3	9		8	4
	2	6	1			1	4	7	3	2
	7	9	8			2	3	6	1	

168

	8	2	9	7		4	9	8	
	7	3	8	2		1	7	4	6
	9	6		6	1	2		9	7
	6	1		9	3	7		3	9
			8	4		3	9	7	8
	1	5	2				4	1	2
	4	3	1	2		4	7		
	3	2		3	1	2		1	3
	2	1		7	8	9		6	2
	6	7	5	8		3	1	5	4
		4	2	1		5	3	2	1

169

	7	9	8		3	1	4	
	4	2	1		7	4	6	2
	5	8	3	9		2	7	1
7	9			3	9		9	6
2	8	3	6		1	4	8	3
		4	2		6	7		
5	3	6	1		7	9	3	8
9	5		3	6			2	9
8	2	1		3	1	7	4	
7	6	2	1		7	9	8	
	9	7	8		2	3	1	

169

170

	1	8	2			9	4	
1	2	6	4		3	1	2	5
2	8	9		7	9		7	9
4	9			9	8	1	3	7
	6	8	7	5		2	1	8
		4	9		4	7		
8	4	9		8	1	3	6	
1	3	6	5	9			8	1
9	8		9	7		1	4	2
7	1	3	2		9	3	7	5
	2	1			6	2	1	

170

171

8	3	2	1		8	6	9	
5	2	1	4		6	3	8	9
9	5	3	7	1			7	1
7	1			3	1		6	8
	6	8		7	6	4	1	
		9	7		2	3		
	5	6	3	9		7	5	
8	9			1	2		3	1
9	7			6	8	5	9	3
6	8	9	5		7	9	8	6
	4	6	9		4	7	6	2

171

172

	8	5	9	7		7	9	4
1	4	2	8	5		9	8	6
5	7		6	9	3		7	8
	9	3			8	4	5	1
7	6	8	4		9	8		
1	5	2	3		7	3	9	8
	7	5		2	1	6	3	
4	2	6	1			2	1	
2	1		9	7	8		2	5
9	7	5		3	9	6	7	8
8	9	3		1	6	2	4	

172

173

	8	9	6		9	1	8	
4	7	6	3		7	3	9	2
3	5		8	4	3		3	1
1	3			8	5	9	7	4
5	9	4			8	3	6	
		7	6		6	7		
	2	1	3			8	9	6
4	5	9	7	8			7	1
3	1		2	3	6		2	4
2	3	5	1		1	6	3	2
	6	8	9		2	7	1	

173

174

	3	1	6			9	4	8
5	1	2	9			5	2	4
9	2		7	9	8		1	2
8	5	9		8	2		5	9
7	6	3	8		9	7	3	1
		5	2		6	9		
6	5	4	9		7	8	9	3
4	2		5	9		5	4	1
7	1		4	2	5		7	2
8	9	1			7	9	8	4
9	7	3			2	5	6	

174

175

2	4	3	1			9	8	
3	1	7	2		1	3	2	5
1	5	2			4	6	9	8
		4	3	7	8	5		
6	9		1	2		7	9	
1	2	6	8		2	8	3	6
	6	7		1	8		1	9
		8	7	4	6	9		
4	2	3	1			1	7	9
2	1	5	3		7	5	9	8
	3	9		1	2	6	4	

176

4	2	6			1	8	2	
8	5	9			3	9	4	6
9	3		8	2	9		1	7
3	1		9	4		9	5	8
	8	7	3	1		2	3	4
		4	2		2	6		
9	8	6		9	7	8	5	
8	7	2		7	1		8	2
1	3		2	8	3		6	1
3	6	2	1			2	7	4
	9	7	5			6	9	8

177

4	9	7	8			5	8	
	1	2	5	4		1	2	6
5	7	8	9		8	7	6	9
3	8		8	9	6	5	3	7
4	9	5		8	7		1	3
		7	4		9	3		
7	5		3	9		1	3	2
3	2	4	7	5	1		5	4
8	3	9	6		3	6	2	1
2	1	3		5	2	8	6	
9	7			6	5	9	8	

178

	8	7	2			8	1	
8	3	2	1		1	7	2	3
1	2	4		1	2	9	8	6
	4	1	8	2	3		3	1
8	5		9	6	5	7		
6	1	2				9	8	2
		1	2	6	3		9	8
1	7		3	8	1	6	4	
6	9	8	5	7		9	6	8
2	5	4	1		7	4	1	3
	8	1			9	8	7	

179

	4	7			6	7	2	1
1	3	5	2		8	9	7	2
6	8	9	5	7			9	5
4	2	6	1	3		7	1	
2	7			8	9	2		
3	5	1	2		3	1	2	6
		4	7	9			3	1
	8	2		8	1	2	4	5
1	4			6	5	3	1	2
2	5	6	1		4	8	7	9
7	9	8	6			1	5	

180

5	7	9	8		9	3	7	
7	9	8	6		3	1	4	2
	3	7	1	2	5		9	3
9	8	5	3	4		9	6	1
2	1				7	8		
	6	9	2		9	7	4	
	7	6				3	1	
9	6	8		2	3	8	1	5
1	8		1	5	8	9	7	
7	5	1	2		9	7	5	8
	9	6	8		4	5	2	6

181

182

183

184

185

186

187

	1	4	2		1	4		5	1
	7	2	5		2	7	1	4	3
		9	3		4	9	5		
			1	2	3		2	1	3
	5	7		5	6	9	7	3	8
	2	1	8	3		3	8	6	5
	4	2	7	1	3	5		2	1
	1	3	5		4	7	1		
			4	1	2		5	6	
	7	3	9	5	8		2	1	3
	4	1		3	1		4	2	9

188

	8	6	9			4	5	1	9
	9	8	7			1	2	3	6
	5	1		1	5	2	3		
		7	8	5	9		7	3	1
		3	7	6	2	4		7	5
			2	3		2	1		
	9	2		2	1	3	8	4	
	7	6	2		4	8	7	9	
			4	3	2	1		1	3
	5	3	1	2			1	3	7
	8	6	7	4			6	8	9

189

	3	8		1	2		9	8	
	2	6	5	3	1		5	7	
	4	2	1		6	2	1	4	5
	1	4	3	8		1	3	5	2
			2	4	1			6	3
	8	9		9	8	6		9	7
	2	3			4	8	7		
	4	8	9	5		4	8	7	9
	1	6	4	3	2		1	3	2
		5	7		8	4	6	9	5
		7	8		6	2		8	6

190

		9	8	6		1	6	8	
	9	7	1	4		5	8	9	
	7	8	2	1			4	6	1
	4	2		2	1	6	5	4	3
		5	8		2	9		7	2
			9	4		2	1		
	9	1		7	8		2	6	
	7	6	3	9	5	8		5	9
	4	2	1			5	1	2	4
		9	8	2		7	3	1	8
		7	2	1		9	8	4	

191

			9	2	8		3	7	9
	6	3	8	1	2		1	5	8
	7	1		4	9	1		3	4
	8	2				3	9	8	6
	9	7	5	3			2	1	7
			2	1		9	5		
	3	1	4			7	8	3	9
	2	5	1	3			1	3	
	9	2		1	2	9		2	1
	6	3	7		3	8	9	7	6
	8	6	9		1	6	2		

192

	6	2		9	1		9	4	
	9	7	8	5	3		8	6	7
	7	3	2	1			6	3	9
	8	6		8	5	9		2	1
		1	5		2	8	9	1	
			2	8	1	6	7		
		7	8	9	4		8	9	
	4	5		1	3	5		2	9
	1	4	2			9	5	8	7
	6	8	9		9	7	2	3	8
		9	1		4	1		1	2

193

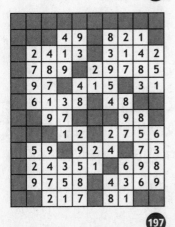

194

195

196

197

198

199 200

201